JAY FONSECA

BANQUETE TOTAL

CUANDO LA CORRUPCIÓN DEJÓ DE SER ILEGAL

PRIMERA EDICIÓN

2013

Banquete Total: Cuando la corrupción dejó de ser ilegal

Primera edición, 2013

©2013, Josué "Jay" Fonseca Aponte

©2013, JLF Services, LLC

P.O. Box 361186
San Juan, PR, 00936
www.jayfonseca.com
twitter.com/jayfonsecapr
facebook.com/JayFonsecaPR
jayfonsecapr@gmail.com

Autopublicación:
Josué "Jay" Fonseca Aponte
Asistencia editorial:
Sinónimo, Inc.
Eduardo Veguilla González
Vanessa Méndez Gallardo
Diagramación y diseño de portada:
Eduardo Veguilla, Sinónimo, Inc.
Ilustración de portada:
José A. Gutiérrez ©2013, www.jagrart.com
Fotografía del autor:
© GFRMedia—Uso autorizado

ISBN: 978-1-937891-27-5

Este libro se encuentra también disponible en edición electrónica:
Banquete Total: Cuando la corrupción dejó de ser ilegal (e-book)
eISBN: 978-1-937891-28-2
www.sinonimopr.com

Libértanos tú
porque no nos libertarán sus partidos
Se engañan los unos a los otros
Y se explotan los unos a los otros
Sus mentiras son repetidas por mil radios
sus calumnias están en todos los periódicos

—Ernesto Cardenal
Salmo 11

A mi hija Lorell, porque mi conciencia no me dejaría tranquilo de no intentar dejarte un mejor país.

Nota: Este libro se terminó de escribir en abril del 2013.

TABLA DE CONTENIDO

PRÓLOGO

Este libro es de análisis con un poco de historia reciente. Si usted lo tomó para leerlo es porque le importa en algo Puerto Rico y el destino de este País.

Usted con toda seguridad pertenece a uno de tres tipos de persona: (1) la que, importándole su País, ya pertenece a alguna ideología o colectividad política y aborrece todas las demás; (2) la que, importándole de igual manera, se inclina por alguna ideología o colectividad política aunque no tan fervientemente como el primer tipo de persona; y (3) la que, igualmente interesada pero sin identificarse con nadie, siempre está en busca de información para asumir posición.

Si usted es del primer grupo, usted pertenece al corazón del rollo. Usted es un fanático o una fanática. Con toda probabilidad bieeeeen popular o bieeeeen penepé. A usted no le molesta que le llamen turba o fritolera. Usted ha pasquinado alguna vez en su vida o conoce gente cercana a usted que lo ha hecho. Si usted está leyendo esto para ver cuánto critico al partido contrario y cuántos disparates digo en contra del partido suyo, usted va a disfrutar este libro.

Si usted es del segundo grupo, usted es probablemente más recatado o recatada —en términos de su afinidad política, digo—. Si usted fuera penepé, usted sería algo así como un *estadista light* de los que cuando Tomás Rivera Schatz era Presidente del Senado jamás hubiese considerado para un contrato gubernamental o un nombramiento de fiscal o de jueza. Usted, de ser popular, sería una *plumita liberal*; una Carmen Yulín de la vida. De ser pipiolo, usted sería un perfecto *melón*. Si usted es del MUS, del PPT o del PPR... bueno, usted, pues... es. Como esos partidos no tienen corazón del rollo —aún—, usted pertenece a ellos porque nunca se había afiliado a un partido antes o porque era un penepé, popular o pipiolo *liviano*.

A usted, miembro del segundo grupo, todos estos calificativos de *estadista light*, *plumita liberal* o *melón*, con toda probabilidad le ofenden. Y no es para menos. Usted quiere lo mejor para su País y al fin y al cabo, aunque usted pertenezca a algún partido, sabe perfectamente que es usted quien toma sus propias decisiones sobre a quién apoyar. Este libro le permitirá analizar su punto de vista y el de otros para reafirmarse en el suyo o, quien sabe, cambiar de opinión. Este libro es para usted.

Ahora bien, si usted pertenece al tercer grupo, usted es muy valioso para los políticos y para el País. Usted decide las elecciones; aunque no quiera. Si vota, decide las elecciones y si no vota, también. Usted decide porque dependiendo de cuántos no afiliados —los mal llamados indecisos— voten en las elecciones, de ello dependerá qué partido tendrá el poder. Pero más importante aún, usted es terreno fértil para las nuevas ideas —muchas de ellas abordadas e impulsadas al final de este libro—. Por eso, lo que usted leerá aquí le va a interesar.

Claro que usted pudiera ser un desentendido o una desentendida, de los o las que no se informan. Si fuera así, le invito a que lea el libro para que se anime a cambiar de grupo cuanto antes. Para que cuando lleguen los momentos decisivos, como las elecciones, no vaya a votar sin saber. Siempre he dicho que votar sin saber, a ciegas, es más peligroso que no votar.

Pero bueno, independientemente del grupo a que usted pertenezca, si le interesa el tema de este libro, léalo. Lo va a disfrutar y confío en que le sacará mucho provecho.

Antes de comenzar, contesto la pregunta —o imputación— que más me han hecho a través de las redes sociales en estos primeros cien días de gobierno popular de Alejandro García Padilla. ¡Cómo voy a perder la oportunidad! (Vaya a mi tweeter @jayfonsecapr; vaya a mi facebook/jayfonsecapr).

La contestación es no. No soy penepé.

Me llaman penepé porque critico al gobierno de turno. De hecho, antes de las elecciones y por las mismas razones me llamaban popular, cuando gobernaba el penepé Luis Fortuño.

Recuerdo que una imputación similar me hicieron cuando Aníbal Acevedo Vilá estaba en el poder. Allá para las elecciones de 2008 yo, como tantos otros, lo fiscalizaba a través de las ondas radiales de la desaparecida Red 96 FM. Entonces, en una actividad del PPD que fui a cubrir, una viejecita me vio y gritó: "¡Por ahí viene el Diablo!".

By the way, tampoco soy pipiolo, pepeté, peperre, o ¿cómo se dirá para el MUS...? ¿musista? No soy nada de eso. Prefiero llamarme comentarista o periodista, si mis compañeros me lo permiten. Creo que los partidos son parte del problema más que parte de la solución. De hecho, creo en el sistema de Nebraska —como discutiré en el libro— donde no haya insignias de partido en las papeletas y la gente sea escogida por quien es y no por a lo que pertenece.

Agradezco mucho su interés en leerme tanto a través de este libro como en las redes sociales y en mis columnas en el diario *Primera Hora*; así como por escucharme en *El Circo* de La Mega, en Univisión Radio

WKAQ 580 AM y a través de *Día a Día* y *Telenoticias* por la televisora Telemundo.

Espero que reciban de mí al menos una fracción de todo lo que he recibido siempre de ustedes. Agradezco, sobretodo, la paciencia que han tenido conmigo cuando he cometido errores y su solidaridad y comprensión a la hora de enmendarlos. De esos errores, también hablo al final de este libro.

Que Dios nos bendiga.

Josué "Jay" Fonseca Aponte

En San Lorenzo, Puerto Rico.

I.

¿CÓMO RAYOS LLEGAMOS AQUÍ?

Eran los años de angustia. La colonia contenta, perdón, el ELA se veía cada vez más agotado. Ya el PPD no era aquel magnánimo y poderoso partido que con hablar de Muñoz las multitudes con placer orgásmico daban una sola cruz bajo la pava. Aquellos días pasaron. Desde el 1992 hasta hoy, el PNP solo puede ser derrotado cuando de verdad la ha embarrado tanto y tanto que no es que pierdan, es que casi ganan. Este fenómeno lo había predicho Don Pedro Albizu Campos cuando dijo que el ELA sería un semillero de asimilistas. Sus proféticas palabras hoy retumban desde la Cárcel de la Princesa en San Juan sonando en Puerta de Tierra haciendo que la sede de la pava se estremezca sabiendo que su cumplimiento es innegable.

Hoy el PNP es el partido de mayoría en Puerto Rico y el PPD ha quedado relegado a ser un partido venido a menos, de minoría, que tiene que hacer alianzas para poder intentar derrotar a su némesis y aún con toda la ayuda de múltiples sectores, incluyendo poderosos sindicatos y la prensa, apenas puede cantar victoria. Y era de esperarse, el Lcdo. Vicente Géigel Polanco lo planteaba desde su libro "La Farsa del Estado Libre Asociado" porque resulta que ninguna mentira puede durar para siempre.

Pero el PNP tiene un serio problema. No sabe ser mayoría. No tiene modales a la mesa. No sigue las reglas de etiqueta. Le falta finura y elegancia. No le vendría mal un cursito de Refiné.

El PNP es el perro que estuvo viendo como el amo se repartía el manjar. Por muchos años percibía el olor de las exquisiteces servidas viendo el paso del banquete de un lado al otro en espera de que cayera alguna migaja. Mire, el PPD estuvo en el poder mucho más tiempo de lo evidente. Desde la primera elección para la gobernación ostentaron cuales dictadores de la hegemonía. La "dicta blanda" le llamaron a un fenómeno más largo, pero parecido, en México. Pero se repartían desde antes las golosinas. Muñoz y el PPD estuvieron dirigiendo, dentro de lo posible con un gobernante nombrado por Estados Unidos, desde el 1940 hasta el 1968 ininterrumpidamente. Luego ganó el PNP por la división PPD de entonces, pero como veremos en este libro, lo que todo gobernante intenta hacer es seguir manteniendo importantes esferas del poder aún cuando ha perdido. Y así fue, en el 1968 por la división del PPD; el PNP ganó Fortaleza y Cámara, pero el poderoso presidente del Senado era Rafael Hernández Colón "Cuchín" y el PPD. Como sabemos, para poder dominar el gobierno se tiene que dominar las agencias del Ejecutivo y quien decide qué secretarios aprobar y cuáles no es el Senado. Así que el PNP no pudo salir de ser el perrito en espera de migajas, aunque ya vio su primer bistec en diversos proyectos, todavía faltaba para saciar su hambre. Como una famosa autopista en la cual pusieron el primer peaje —aunque juraron que solo duraría un tiempito en lo que pagaban el costo de la obra, pero aún el peaje de Caguas sigue allí—. En el 1972 el PPD recobró el poder, y en el 1976 lo perdió, solo para volver a recobrar la Legislatura en el 1980 y ejercer, desde allí, su control haciendo sumamente difícil la gobernación de Carlos Romero Barceló, quien no es ningún santo de mi devoción.

Como veremos en este libro, un modelo de gobierno y las estructuras de poder no se pueden destronar en solo cuatro años. Hace falta mucho más para poder hacer cambios reales en un país con intereses poderosos velando porque poco o nada cambie. Igual que en toda letrina, siempre hay lombrices que viven de que todo siga igual y en ocasiones esas diminutas invertebradas pueden ser muy poderosas.

En el 1984, la mesa otra vez estuvo servida para el PPD con la división del PNP y en 1988, el PPD renovó victorioso siendo el cuatrienio de 1984 a 1988 probablemente el mejor cuatrienio que tuvo Puerto Rico desde 1964, creciendo a un ritmo económico mejor que los propios Estados Unidos. Tras ocho años fuera de Fortaleza fue entonces que el PNP tuvo su primer real encuentro con el poder. En 1992 llegaba el momento. O sea, desde 1940 hasta el 1992 el PNP fue un perrito salivando comiendo migajas directamente, o siendo controlado por el PPD en las estructuras diseñadas para extender un gobierno más allá del cuatrienio, ya fuera desde el Tribunal Supremo, la contraloría, Ética Gubernamental y la poderosa oficina del Fiscal Especial Independiente —que llegaron en esos tiempos donde se veía el debilitamiento del PPD— o cualquier otra esfera del gobierno permanente de lo cual hablaremos en detalle.

Por 52 años el PPD tuvo control total o casi total. Mientras el partido rojo se repartía el botín en contratos de asesoría de paquete, porque todo el mundo sabe que son favores políticos, el PNP aguardaba su turno y el momento llegó.

Tras 52 años de espera es poco el pudor que se guarda de saciarse el deseo. Por eso actuaron de manera voraz, sin escrúpulos, sin pena ninguna. Ellos vieron de primera mano cada vez que sus contrapartes del PPD gozaban del festín y ahora a meterle con las dos manos al plato. Pero quedaba una rémora de poder del PPD el cual fue usado una y otra vez para detener el impetuoso y casi vergonzoso deleite del suculento concierto al paladar que se daba la palma. El Tribunal Supremo de Puerto Rico se interponía y cual conciencia siempre dilataba o frenaba el ataque al *filet mignon* servido para buscar formas de justificar tal gula.

Así que el perro estaba a la mesa, pero el amo lo estaba velando y de cualquier chasquido incorrecto era abofeteado una y otra vez desde la entrada a la Isleta de San Juan pasando por el Capitolio y llegando a Fortaleza el sonido del aullido cual lobo despechado en luna llena. No le quepa duda, se repartieron mucho, muchísimo, pero aún quedaba más. Claro, ya el País no producía como antes y para poder sostener ese estilo de vida y el nivel al cual vieron la pava desgarrar tuvieron que vender y privatizar gran parte del gobierno porque la riqueza no estaba aumentando. Ya el ELA no era tan rentable y las empresas comenzaban a irse por lo que para poder banquetear tenían que privatizar. Además, las agencias estaban llenas de populares por lo que no podían ubicar a toda su gente, así que en la venta y contratos estaba la clave. De ahí que cuando el país dejó de generar expansión se empezó a vender la Telefónica, los CDT's de casi todos los municipios, Las Navieras, la Corporación Azucarera, El Caribe, Ponce y Mayagüez

Hilton además de El Convento. En fin, todo lo que se pudo con tal de seguir guisando arriba mientras se iban perdiendo herramientas que bien utilizadas pudieron dar expansión a una Isla que se iba empobreciendo.

Aquel partido que estuvo a la espera 52 años para hacer lo que antes le hicieron le faltaba una batalla. Trató de ganarla en un referéndum aumentando la composición del Tribunal Supremo, pero la democracia no le dio la oportunidad de satisfacer su avaricia vengativa perdiendo el referéndum que aumentaría la composición del Supremo a nueve miembros. Esa batalla se daría luego.

Volviendo a perder en el 2000 y quedando relegado a un segundo plano en el 2004, solo restaba entonces desde la Legislatura dar la batalla. El gobierno dividido fue un desastre y el País literalmente estaba llegando a la ruina. Desde 1987 se cuadraban presupuestos de forma deficitaria y desde 1989 se trataba de sacar fondos de la Corporación del Fondo del Seguro del Estado para cuadrar a marronazos el año fiscal. Desde 1997 hasta hoy se han cuadrado todos los presupuestos a base de préstamos o líneas de crédito y privatizaciones que generan fondos no recurrentes y más recientemente a base de refinanciar los intereses de la deuda con más bonos lo cual es un beso de Judas a Cristo en cualquier historia épica.

El pueblo debe algún día ver que sus gobernantes nos han traicionado peor que Bruto a Julio César. Pero nosotros les hacemos hasta homenajes, ponemos edificios y carreteras en su nombre y hasta pleitesía y escoltas les damos. Les aplaudimos y les tratamos como héroes cuando en su ejecutoria deberíamos tratarles como villanos de baja calidad. Algo así como a los cómics japoneses esos que ven los jóvenes hoy día. Eso será material extensamente discutido aquí.

En fin, se buscaba cualquier cosa para seguir con la francachela de ambos partidos. Enriquecer a los suyos y el pueblo pagaba para sostener los estilos de vida de la alta estirpe, antes llamada "la aristocracia" o "nobleza"; hoy conocida como "la clase política". En otro lugar les llamé "cuponeros millonarios", de esos también hablaremos con gusto. En este libro le dedicaremos un capítulo completo a esa gente del *establishment* que guisa no importa quien gane.

Para sostener estos estilos de vida sometieron nuevos impuestos como el IVU, pero el nivel de gastos nunca se redujo. Eso implicaría grandes sacrificios para quienes estaban a la mesa y eso resulta impermisible para quien ha vivido en la opulencia. Renunciar a los festines y buen vino tras conocerlos es como renunciar al sexo tras sostenerlo.

Y como no hay peor cuña que la del mismo palo, Aníbal Acevedo Vilá —junto con Hernández Colón, los

hombres más inteligentes que han pisado Fortaleza—
se encargó de llevar al PPD a su tumba. Aníbal hizo
parecido a Cuchín quien en el 1992 dejó a la heredera,
Victoria "Melo" Muñoz, cargar su cruz mientras
desde Fortaleza se negaba a ser su cirineo. Cuchín le
daría la espalda a Melo, y ahora el gobernante PPD le
daba la espalda a la pava. Sabiendo las consecuencias
de sus actos se apertrechó en la dirección del PPD con
estrategias altamente cuestionables para alguien que de
verdad le importa su país y su partido.

Mientras la palma hacía todo lo posible para
derrotar a Aníbal también se clavaban un puñal que
luego le costaría. Sabiendo la verdadera situación
fiscal en el 2006 ambos partidos trancaron el gobierno
provocando la más profunda crisis económica que ha
sufrido el país y que aún sigue sufriendo con más de seis
años de recesión económica. Pero poco le importaba al
comisionado residente Luis G. Fortuño quien cada vez
se distanciaba más de Aníbal para ganar sus primarias.
Luego llegarían las elecciones y procuró su estrategia
guareciéndose en Washington como excusa de que
allá era que el pueblo lo quería, en vez de ejercer su
liderato para intentar evitar la tragedia que vivía la Isla.
Mientras, acá se imponía a diestra y siniestra la guerra
fratricida la cual nos llevaría al abismo económico más
desastroso en nuestra historia moderna.

En vez de ser caudillos cual Josué y Caleb en el Viejo Testamento, Aníbal y Fortuño se encargaban de destruirse el uno al otro sabiendo las consecuencias y que usted sería el pagano. Aníbal recibió 24 disparos en las costillas desde el Tribunal de la Chardón. Ya su cadáver era visto y lo hediondo de su cuerpo político era insoportable. El gobierno compartido fue una gran oportunidad, pero el truco y la estrategia se convirtieron en el resultado y no en el proceso. Aníbal sabía lo que hacía muy bien. También sabía que Alejandro García Padilla y Willie Miranda Marín interesaban sucederle y ser los candidatos para el 2008. Pero en aquellas reuniones famosas en Fajardo, Aníbal se asía al poder porque sabía que de no ser el candidato a la gobernación sus probabilidades de salir culpable aumentaban. A la vez, Aníbal necesitaba el dinero de las donaciones para pagar su defensa y también el acceso a la palestra pública continuamente para hablarle indirectamente al jurado que decidiría su caso.

Toda persona que sabe un poco de política y de Derecho sabe que Aníbal era tan culpable como Barrabás el de la Biblia. El propio Aníbal estipuló en el Tribunal que él personalmente le pidió a su hermana y familiares donativos que luego él personalmente les devolvería el dinero. Con ello estaba aceptando conocimiento personal del esquema por el cual fue liberado. Su hermana, Elba Acevedo Vilá hizo dos cheques, su primo Elfrén Enriques Vilá hizo cinco cheques, su padre Salvador Acevedo y su madre Elba Vilá emitieron cuatro cheques. En fin, Aníbal sabía muy bien lo que había ocurrido. Dijo su primo en el testimonio que: "Acevedo Vilá fue a su casa y le dijo que, por favor, le hiciera un cheque a nombre de la campaña. Lo hizo y se lo dio a Acevedo Vilá y él le reembolsó el dinero".[1]

Toda persona sabe que el PPD había hecho ya varias campañas así. El PNP no se quedaba atrás, pero de eso hablaremos adelante. El propio presidente de Triple S, Miguel Vázquez Deynes, dijo abiertamente que él le había dado dinero a Sila Calderón y otros PPD, al igual que a gente del PNP, de la forma corrupta y asqueante que se le acusaba ahora al Lcdo. Acevedo Vilá.

Aníbal en su desesperación incluso se autoincriminó alegando que era una persecución política en su contra. Es decir, yo lo hice pero me están persiguiendo, yo no soy el único. Luego llegó al nivel de él personalmente mostrarle a la prensa el famoso cheque de la familia Fonalledas[2], dueños de Plaza Las Américas y otras empresas poderosísimas en Puerto Rico, para demostrar que no solo a él le habían dado dinero ilegal, sino que como aquel cheque demostraba también a Sila Calderón le dieron su chanchito de 50,000 billetes ilegales al igual que los otros 100,000 de Vázquez Deynes. Por estos

---

1   Aníbal Acevedo Vilá en juicio: Día 13 - *Primera Hora* (http://bit.ly/19UXRNc)

2   Una cuña de $50,000 separa a Sila y a Aníbal - *NotiCel* (http://bit.ly/17wM026)

delitos a estos empresarios nunca se les ha procesado alegando que están prescritos.

Todo el que sepa un poco de leyes sabe que hay una "Ley de Crimen Organizado" y que delitos como esos no prescriben, por lo que si quisieran meterle mano a estos maestros bien pudieran hacerlo. Pero obviamente esa gente es el *"establishment"* y de esos hablaremos en capítulos subsiguientes con algo de irreverencia.

Así que Aníbal, con tal de decir que era una persecución —es decir, lo hice, pero esto lo hace todo el mundo— tiró al medio a la ex gobernadora y antigua compañera de papeleta demostrando que ella también había hecho lo mismo, pero a ella no la cogían y a él sí. La conmoción que eso causó en la pava hasta el día de hoy es evidente. Sila se distanció y poco le faltó para apoyar a Fortuño en el 2008, siendo su hija Sila Marie la que pidió la cabeza de Aníbal sin tener éxito. De hecho, posteriormente ha salido información de hasta referidos de Sila Calderón contra Aníbal a los federales y de intimidaciones e intentos de soborno entre antiguos compañeros de papeleta en el 2000.[3]

No solo esto, el propio Aníbal había escrito en 1985 un artículo en la prestigiosa Revista Jurídica de la Escuela de Derecho de la UPR —de la cual fue editor— denunciando que esta práctica traquetera ya era posible, por tanto uso y costumbre. Pero también

---

3   *Id.*

toda persona que estudió derecho sabe que los casos no se ganan en el tribunal y menos en el laboratorio de las leyes y la jurisprudencia que nos enseñan en la Escuela de Derecho. Hay muchísimos otros factores que pesan en la mente del juez o del jurado y de eso te das cuenta leyendo el primer caso que te piden leer allí llamado Marbury v. Madison, 5 US 137 (1803).

Desde entonces los abogados y abogadas que realmente leyeron y entendieron el caso terminan sufriendo de algún tipo de depresión o negación, pues llegas a saber muy rápido que todo el sistema es un estercolero y que es una quimera pensar que la democracia es un legítimo modelo prístino y que la división de poderes no existe y solo se levanta para darle perfume al embuste que vivimos. Ahí se encargan de ir deformando tu mente y empiezas a sufrir de desolación, solo que lo disimulas para ser funcional viviendo de felicidad temporera en felicidad temporera hasta que te conformas con que ni modo, "así son las cosas" y si quieres cambiarlo vas a pagar un precio que solo los mártires pueden explicar. Y total, es el menos malo de los sistemas que hemos vivido porque al menos te ofrece la impresión de tener algo de poder cada cuatro años y la esperanza de subir un gobierno que sea pulcro siempre está latente.

Aníbal necesitaba el poder para no ir preso. No lo culpo por no abandonar el estrado, hubiera sido imposible conseguir $3,000,000 en donativos para pagar su defensa a la vez que hacían falta $4,000,000 para la campaña los cuales nunca recogieron porque los sectores de poder del PPD sabían que no había ni "un minuto de break" para la pava. Así que llenaron las arcas del PNP los donantes y a la vez le daban un chanchito a la defensa del gobernador que sabía demasiado como para ir preso y de decidir vengarse podría embarrar a demasiados en el poder.

Siempre he respetado mucho a Aníbal. Aunque sé que cuando lea esto, y estoy seguro de que lo va a leer, va a echarse a reír. Saludos ex Gobernador. Aníbal es el único sujeto que contra todos los pronósticos llegó a ser Comisionado Residente aún contra los Hernández —la verdadera monarquía de Puerto Rico que ruge desde Ponce— y luego gobernador contra todos los augurios. Antes había hecho que en el 1998 "La Quinta Columna" resultara ganadora. Dudo que haya gente mucho más inteligente que él en la Isla. Incluso, logró en aquella famosa reunión kilométrica en la casa de playa del gobernador en Fajardo echarse al bolsillo a sus alcaldes y legisladores mostrándole una encuesta donde él era el menos mal que salía de todas las fichas de ajedrez que había disponibles. Pero sobre todo, Aníbal logró convencer a Hernández Colón de que era mejor dejar que él cargara la cruz en vez de quemar a uno de los posibles candidatos para 2012 y eso son palabras mayores.

La astucia política de Aníbal llegó al punto de que cuando disque entregó la candidatura al PPD en la famosa Asamblea en el verano del 2008 logró que los dos candidatos que se perfilaban como sus retadores allí mismo tuvieran que subir a tarima y quedaran como sus directores de campaña por el voto íntegro y de plataforma de gobierno.

Sé que me van a desmentir, pero tanto Alejandro García Padilla como Willie Miranda Marín fueron a aquella Asamblea del PPD con estrategias para ser candidatos a la gobernación en el 2008. El partido no podía arriesgarse a perder tan desastrosamente como inevitablemente Aníbal los llevaría a hacer y el sacrificio valdría la pena pues quedarían como merecedores de la candidatura para 2012 por haberse echado al partido arriba cuando nadie le daba expectativa real de triunfo.

He aquí uno de los grandes secretos de nuestro sistema político. En las elecciones no solo se juega la gobernación y la Legislatura. También se juegan las alcaldías y la avalancha del PNP que se veía venir, arrastraría a casi todas las alcaldías a cambiar de color peligrosamente para el PPD. Cuando un partido es derrotado se refugia en los municipios para desde allí ir reconstruyendo el rompecabezas para regresar. Por eso son los alcaldes y alcaldesas quienes desde sus ayuntamientos deciden quiénes son los candidatos. No solo es por la sapiencia política que ostentan de cada rincón, barrio y arrabal junto con la movilización de su gente, también es porque son quienes tienen el billete para pagarle a "asesores municipales" quienes realmente están trabajando día y noche para levantar al partido a ganar las próximas elecciones. Por eso usted ve que en el 2003 fueron los alcaldes quienes buscaron a Pedro J. Rosselló para que corriera en el 2004 y luego le dieron la estocada en el 2008 siendo también los alcaldes poderosos quienes escogieron a Fortuño aún cuando toda la estructura estaba dominada por Rosselló, pero los alcaldes y su poder económico se limpiaron al Mesías.

Desde las alcaldías es que se hace el trabajo sucio de levantar fondos, estructura, guaguas de sonido, ayudantes y achichincles, las avanzadas y gente de muy alto nivel que escribe los programas de gobierno "más *fancy*" para luego dejarlo en letra muerta. Todo eso se paga desde los municipios cuando se ha perdido la gobernación y por tanto las agencias. La Legislatura tiene un presupuesto bueno, pero muy flojo para todo lo que se tiene que hacer, además que la prensa siempre está mirando cada centavo de la Legislatura mientras las alcaldías pasan bajo el radar.

Alejandro y Willie sabían que el PNP no era derrotable en el 2008, pero también sabían que tenían que buscar la forma de evitar que la derrota fuera tan aplastante porque sus posibilidades en el 2012 serían muy bajas de perder tantas alcaldías, máxime con un partido de voto íntegro como el PNP el cual solo ha perdido una de las pasadas seis elecciones en ese renglón.

Ya que el PPD no tiene los municipios más grandes y con mayor presupuesto y el PNP siempre tiene, aunque pierda Fortaleza, la guarida de Guaynabo, Bayamón, Toa Baja, Fajardo, Aguadilla y tantos otros municipios que con el voto íntegro de la palma siempre terminan azules, ellos tenían que intentar hacer algo. Si ellos corrían Fortuño ganaría, pero no sería una misión mesiánica levantar la pava. Por tanto, llegaron a la Asamblea con la esperanza de agenciarse con la candidatura, solo para ver que a quien levantaron fue a Aníbal y cuales corderitos fueron llevados al matadero.

Pero esta vez no sería solo un matadero tradicional. Esta vez el matadero sería a lo *Chainsaw Massacre*; sin piedad alguna. Antes de entrar en detalles quiero darle una muestra de lo sucia que es esta guerra y lo importante que es esto de la joya de la corona a través de los tribunales. Para que vea lo trascendental que es perpetuarse en el poder a través de las estructuras permanentes fuera de lo electoral —en los tribunales y otras agencias—, cuando en el 1992 se supo que Rosselló crearía un tribunal intermedio apelativo —antes solo existía el Tribunal de Instancia y de ahí al Supremo—.

Hernández Colón avanzó a crearlo antes para nombrar a 15 buenos populares, perdón, 15 buenos miembros de la judicatura.[4] Rosselló eliminó ese tribunal en el 1993[5] alegando que era un gasto innecesario, pero como no podía sacar de jueces a quienes habían sido nombrados pues la Constitución no lo permite, vino luego y creó otra vez el mismo tribunal lo único que ahora se llamaba Tribunal de Circuito de Apelaciones —igual que en Estados Unidos que los tribunales apelativos se llaman de Circuito— y en vez de 15 jueces nombró 18 más totalizando ahora 33.[6] Los 15 nombrados por Cuchín y los 18 nombrados por Rosselló dieron mayoría a los buenos penepés, perdón, jueces. Y Sila dijo, no, "fuchi", "caca", "no se hace", y le quitó el nombre de Circuito de Apelaciones y lo dejó como Tribunal de Apelaciones y nombró 39 jueces en vez de los 15 de Cuchín ó 18 de Rosselló, ahora eran otros seis y las vacantes dejadas por los anteriores que volvieron a dar mayoría a la pava.[7]

Así de trascendental es la cosa de dejarse atado al poder para un mandatario al punto de que en esto ni disimularon de parte y parte. Pero a Aníbal se lo prohibieron desde el Senado con la única intención de dejarle todo, absolutamente todo a la palma en el 2009. Para que tenga una simple idea del banquete

4   Ley 21 de 13 de Julio de 1992.

5   Ley 11 de 2 de junio de 1993.

6   Plan de Reorganización de la Rama Judicial Núm. 1 de 28 de julio de 1994; mejor conocido como: "Ley de la Judicatura de 1994"

7   Ley de la Judicatura del ELA de 21 de agosto de 2003.

que dejaron a Fortuño, en sus cuatro años nombró a 203 jueces y juezas de un total de 385 puestos, o sea, en solo cuatro años Fortuño dejó allí a la mayoría de puestos permanentes en el poder más importante del gobierno. Como dijo el Juez Jackson de la Corte Suprema de Estados Unidos: "Los jueces de la Corte Suprema no somos los últimos por ser infalibles. Somos infalibles porque somos los últimos." Brown v. Allen, 344 US 443 (1953). Es decir, lo que los jueces del Supremo digan es lo último y no hay más nada que hacer dentro de nuestro sistema, lo cual convierte a los jueces en semidioses. El poder que conlleva tener la última palabra en la democracia es análogo a aquello que llamamos "secularmente divino".

No solo Aníbal no pudo dejar sembrados los puestos de Contraloría, Ética Gubernamental, Procuradurías, fiscalías, jueces apelativos, de instancia y municipales, miembros de juntas directivas en AEE, AAA, ACAA, UPR, CFSE y demás agencias, corporaciones públicas e instrumentalidades; esta vez el PPD quedaba sin su querendón, sin su adalid de justicia, sin su escudo ante la tribulación. El PPD iba a las elecciones a un matadero como nunca antes en su historia. El golpe fatal ocurrió el 3 de diciembre de 2007 cuando murió el ex Comisionado Residente del PPD y entonces juez asociado del Tribunal Supremo Jaime Benito Fuster Berlingeri. El PPD había podido contra todo, menos contra la muerte de un leal y fiel amigo de la pava.

Ahora el Tribunal Supremo pasaría por primera vez desde que existe el ELA a sectores asimilistas y aliados al PNP. El PNP en el Senado jamás permitiría que se llenaran esas vacantes aún con estadistas.

El poderoso senador Jorge de Castro Font dijo que no y punto, el Tribunal Supremo y todos los otros puestos quedarían vacantes y serían nombrados bajo el PNP en el 2009. Con ello solo tres de los siete puestos de la Suprema Corte estaban bajo el PPD. Y tras la renuncia por edad de Baltasar Corrada del Río y luego, también por edad, la de Francisco Rebollo López —de los pocos jueces que realmente respeto— solo bajo Fortuño quedarían por nombrarse tres nuevos miembros de la alta e insigne institución suprema pasando el 2009 a ser la primera vez en la que ahora el perro dejaría de ser la mascota vigilada, ahora el perro sería el amo. Fortuño terminó nombrando seis jueces/as al Supremo de Puerto Rico en un cuatrienio. Algo verdaderamente sin precedentes. Ya la mesa estaba servida, era cuestión de tiempo, era cuestión de esperar. Llegaba el momento, se preparaba el festín, el plato sucio de mascota sería reemplazado por vajilla Limoge y cubiertos Webb Sheffield. De bistec encebollado a "Kobe *meat*" con trufas blancas italianas acompañadas de Kona Nigari y de maloliente zupia a la Señora Viuda. Ahora era el tiempo y el 2 de enero de 2009 estaba servido; llegaba la época del BANQUETE TOTAL.

II.

BANQUETE TOTAL

Qué no se vistan que no van. Ese impuesto se queda como está y punto. ¡Sobre mi cadáver!", me dijo el ahora doblemente convicto Jorge de Castro Font cuando era presidente de la Comisión de Reglas y Calendario del Senado, a pocos pasos de la famosa pecera de su oficina en un aparte con la prensa.

Hablaba del impuesto diferencial de la cerveza puertorriqueña versus la cerveza importada. No era la primera vez que hablaba de que para que ocurriera algo, tenían que pasar primero sobre su cadáver. Con el tiempo supimos que a pesar de las advertencias e inflexibilidad de De Castro Font tenía un montón de cadáveres y ni hablar de los esqueletos en el clóset. Él sí permitía que le "pasaran por encima", siempre y cuando hubieran razones de peso —y de pesos— para que él cambiara de opinión.

Recuerdo que le pregunté a De Castro Font sobre la presión que estaban ejerciendo las compañías importadoras de cerveza para que eliminaran el arbitrio que las hacía más caras frente a las cervezas locales exentas de ese impuesto. Me dijo el entonces senador, con toda seguridad que las importadoras no tenían ninguna posibilidad a pesar de que el presidente del PNP Pedro Rosselló empujaba la medida. Varios años después confirmé porqué De Castro Font hablaba con tanta autoridad, como con un aire de control y totalitarismo que destilaba un fuerte olor a azufre. Estaba comprado.

Pocos días antes de ese episodio, salió a la luz pública el escándalo de los trajes del entonces gobernador Aníbal Acevedo Vilá. Se le imputaba al ex mandatario haber comprado unos trajes carísimos con fondos del Partido Popular. Cada traje costaba entre tres y cinco mil dólares, según las facturas y recibos que pude ver cuando trabajaba como reportero de NotiUno.

Recuerdo que De Castro Font comentó en la conferencia de prensa que él fue quien enseñó a vestir a Aníbal y que el ex gobernador ni sabía que la marca de trajes Brioni existía antes de que De Castro Font se lo enseñara. Debo confesar que era un poco gracioso escuchar la palabra "Brioni" en la voz de De Castro Font por su famoso frenillo, objeto de burlas en todos los medios. En ese momento también De Castro Font mostró su reloj Rolex y ostentosamente decía: "el que le enseñó de estas cosas a Aníbal fui yo".

De Castro Font, en vez de tildar de impropia la conducta del mandatario y de su partido opositor, solo se jactaba de opulencia.

Tiempo después, en una entrevista que le hice a De Castro Font en WKAQ 580, comencé la entrevista preguntándole: *"Oiga, ¿cuánto cuesta una legislación?"*. La verdad que no sé si formulé la pregunta por valentía, por ignorancia o, como me dijo una vez un gran amigo, por ingenuidad.

No pude ver la cara del entonces presidente de la Comisión de Reglas y Calendario del Senado, pues la entrevista fue por teléfono. Pero su respuesta fue en tono de muy pocos amigos. Recuerdo que me dijo: "ves, a esto es que uno se expone por contestarle a algunos medios. Uno se expone a que hagan preguntas insolentes e irrespetuosas, pero siga con su línea".

Debo admitir que su respuesta me dejó atónito. Yo esperaba que me enganchara o que se molestara de manera tal que no volviera a contestarme en el futuro, pero para crédito del senador, él nunca se salió de sus casillas. Nunca dejó de contestar mis llamadas. Claro, que aunque siempre me respondía, nunca abandonaba su estilo arrogante y su costumbre de aprovechar cada conversación para hablar de sus famosos viajes a la

"Sorbona" con su esposa, la misma esposa que luego se cantó de no saber nada.

Todos estos episodios con el senador alimentaban mis sospechas y provocaban mis irreverentes preguntas. Era imposible que De Castro Font, con un sueldo de senador de aproximadamente $120,000 al año, pudiera pagar las pensiones a sus hijas, impuestos, casa, carro, agua, luz, comida, teléfono, gastos misceláneos, etc. y a la vez darse el estilo de vida que llevaba y que incluía sus famosos viajes en helicóptero alrededor de la Isla. Todas estas sospechas las tuve antes de que se supiera públicamente que el FBI investigaba al senador y antes también de que esa misma agencia me enviara una carta diciéndome que habían grabado una conversación telefónica mía con De Castro Font, como parte de la investigación federal.

Sobre el estilo de vida de De Castro Font, no les he contado lo que considero más impactante. En su oficina había muy pocos libros. Muchos menos de los que se esperaría ver en la oficina de alguien que trabaja las leyes.

La oficina de De Castro Font gritaba opulencia desde su entrada y hacía ver las oficinas de otros senadores, incluso de su mismo grupo, la del vicepresidente del Senado Orlando Parga el mejor ejemplo, como oficinas de funcionarios de baja jerarquía. Siempre había mucha comida allí para la prensa y demás convidados, ayudantes preciosísimas —jevotas en idioma de la calle— y sirvientes que mantenían todo inmaculado. El lujo se notaba en todos los detalles, desde la pecera de agua salada, pasando por los cuadros prestados del Museo de Arte de Ponce, hasta los lujosos relojes en la muñeca izquierda del Senador. Siempre hablaba con autoridad. Vestía impecable. Muchas veces lo acompañaron sus hombres de confianza Tito Laureano y Alberto Goachet —que bastantes veces han visitado las fiscalías y tribunales del País y la cárcel uno de ellos—.

Aún así, lo que más me impactó fue que casi no había libros. Como se pudo saber luego, tampoco había vergüenza. Años más tarde, Jorge de Castro Font se declaró culpable de 95 cargos por casos de corrupción a nivel estatal y 21 en la esfera federal. Pero eso no es objeto de este libro.

Como periodista de la calle de NotiUno y luego de Red 96 FM tuve que visitar ese recinto en muchas ocasiones. La oficina de De Castro Font era, como ven, "especial". Como especial resultó ser todo lo que allí ocurría. Desde allí se controlaba el gobierno compartido PNP-PPD del cuatrienio perdido 2005-2008 y se atrincheraba la resistencia fortuñista contra los avances de Pedro Rosselló.

El Partido Nuevo Progresista (PNP) había ganado las elecciones pero también las había perdido. Tras los comicios electorales de 2004, la Cámara y Senado pasaron al penepé. La Comisaría Residente cayó en manos del también penepé Luis Fortuño. El Partido Popular Democrático (PPD), liderado por Aníbal Acevedo Vilá y por muy estrecho margen, retuvo la gobernación, derrotando a Pedro Rosselló González. Éste último radicó un pleito judicial para anular los votos que le dieron la ventaja a Acevedo Vilá, pero fracasó en el intento, al encontrarse con un Tribunal Supremo con la siguiente composición: cuatro jueces nombrados por gobiernos del PPD, dos jueces nombrados por el PNP —casualmente por Pedro Rosselló cuando fue gobernador en los años 90—, y un juez nombrado por un gobierno compartido similar al que en ese momento se estrenaría con Acevedo Vilá a la cabeza. No tengo que decirles cómo se dividió el voto de los jueces.

Pedro Rosselló González, derrotado, se agenció un escaño por el Distrito de Arecibo para intentar ocupar la presidencia del Senado tras pedirle de forma "muy amable" a Víctor David Loubriel que renunciara a su puesto —los rumores de una supuesta foto discotequera de cuestionable reputación del electo y renunciante senador no los voy a comentar—. Desde ese bastión, pensó Rosselló, podría cuajarse su regreso a la gobernación.

Había un problema. Rosselló no contaba con la astucia de Jorge de Castro Font, el ambicioso senador, ex popular y ahora penepé.

Con tal de hacerse del poder senatorial, De Castro Font se agrupó con otros cinco estadistas —el autodenominado grupo de los auténticos a quienes el analista Luis Dávila Colón bautizó como los Pavaclintock—, y sumándose a la minoría popular, impidieron el ascenso de Rosselló a la presidencia del Senado. Dejaron en ese puesto a Kenneth McKlintock Hernández, que el cuatrienio siguiente sería nombrado Secretario de Estado de Luis Fortuño, el mismo que le dio antes la espalda en su verdadero sueño que era ser Comisionado Residente.

Derrotadas las aspiraciones de Pedro Rosselló González, primero por Acevedo Vilá y luego dentro de su mismo partido, Luis Fortuño se fue consolidando como el nuevo líder del PNP. Claro que Pedro Rosselló, cual planta en tiempos de sequía que sabe que pronto morirá, lanzó sus esporas al aire con la esperanza de dejar su semilla para tiempos mejores.

Sería más correcto decir que Rosselló no lanzó esporas, sino que puso un huevo. Un huevo de tiburón blanco. Pero de eso hablamos en otro capítulo.

En expresiones a la prensa, Jorge de Castro Font, a mi juicio uno de los senadores más astutos que ha pasado jamás por la legislatura, verbalizó la profecía más importante del futuro gobierno de Luis Fortuño. Según el Senador, el ganador de las elecciones de 2008 se llevaría un "Banquete Total" y todo apuntaba a que Luis Fortuño sería el servido.

Y así fue. Un millón de votantes le dieron su respaldo al candidato azul. El Partido Nuevo Progresista recuperó La Fortaleza luego de ocho años de gobernadores populares.

Pero, ¿a qué se refería exactamente el senador De Castro Font con eso de "Banquete Total"?

Se refería literalmente a todo. Y cuando dijo todo, él estaba pensando en TODO. "Todo" incluía, el control de las tres ramas de gobierno y, también, la manera de hacer que el Partido Nuevo Progresista se convirtiera en el único partido mayoritario del País, lo que le garantizaría —de funcionar el plan— muchos años en el poder aún perdiendo elecciones.

No sé quién provocó esto. No sé si es cosa del destino, si es la obra de una mente privilegiada o si es una mezcla de ambas, aunque me inclino por la última. Pero el porvenir y la estabilidad de todas las instituciones de gobierno en Puerto Rico se puso en juego, por vez primera, en una elección. Un plato servido para el vencedor de la contienda de 2008. Un verdadero banquete total.

Y muchos me preguntarán, pero Jay, ¿por qué dices eso si a Cuchín lo sacó Romero en el '76; a Romero, Cuchín en el '84; a Cuchín, Rosselló en el '92; a Rosselló, Sila en el 2000; Aníbal sustituyó a Sila en el 2004; a Aníbal lo tumbó Fortuño en el 2008; y a Fortuño, Alejandro en el 2012? ¿Por qué decir que el 2008 es la primera vez que se puso en juego el gobierno, si precisamente la idea de la democracia es que el pueblo tiene el poder de, con sus votos, "tumbar" al gobierno en cada elección?

Pues, contrario a lo que nos han enseñado siempre, no es del todo cierto que el pueblo pueda "tumbar" al gobierno en cada elección. De hecho, si algo ha demostrado la democracia es su impresionante capacidad para mantener el *establishment o gobierno permanente,* término que tratamos de explicar unos capítulos más adelante.

Desde que se aprobó la Constitución de 1952, el gobierno de nuestro País se rige por un sistema de gobierno republicano. Eso no significa que seamos una república independiente y nada tiene que ver con el Partido Republicano de Estados Unidos. Lo que quiere decir "sistema de gobierno republicano" es que el poder se divide en pedazos para que una sola persona no pueda tener el control absoluto del País. Esos "pedazos", llamados "ramas de gobierno" —porque salen de un mismo árbol—, se supone que se vigilen unos a otros para que a nadie "se le vaya la mano y abuse del poder". Este sistema fue planteado y defendido por el famoso pensador francés Charles-Louis de Secondat, barón de Montesquieu, porque evitaba la tiranía y concentración del poder en una sola figura. Aunque siempre habrá figuras que pueden controlar todo, como Luis Muñoz Marín, que aún bajo este sistema era tal su poder e influencia que retaba la teoría.

En Puerto Rico, son tres las ramas de gobierno: la rama legislativa (Senado y Cámara), la rama ejecutiva (el Gobernador y las agencias) y la rama judicial (los jueces/zas). De las tres ramas, dos de ellas van a elecciones cada cuatro años para que la gente elija a quién quieren allí. Por eso hay elecciones para la gobernación y para la legislatura.

La tercera rama, la judicial, no va a elecciones, sino que a los jueces los nombran los miembros de las otras dos ramas que sí van a elecciones (Gobernador y Senado). El propósito de esto es que como los jueces tienen que tomar decisiones difíciles todos los días, al hacerlo no piensen en si la gente los va a querer reelegir o no en una elección general.

Además, cuando se nombra a un juez se le nombra por muchísimo tiempo de manera que no los puedan botar tan fácilmente si resuelven un caso en contra del mismo gobierno o de gente influyente. Contrario a lo que se piensa, los jueces y juezas no son "parte del gobierno". Son funcionarios y funcionaras cuya función es ser árbitros imparciales y cuando el gobierno lo hace mal también tienen que fallarle en contra. La judicatura es la línea de defensa del pueblo cuando el gobierno falla o se le va la mano en las limitaciones que el pueblo le impuso cuando aprobó la Constitución.

Así, a los jueces del Tribunal Supremo los nombra el gobernador y los confirma el Senado para que estén en sus puestos hasta que cumplan 70 años de edad. O sea, que si nombran a un muchacho de 35 años de edad, pues el tipo podrá estar allí en el Supremo, tranquilito, por 35 años más.

Y ese, el Tribunal Supremo, es el plato principal del Banquete Total que hablaba De Castro Font.

El Tribunal Supremo es el lugar donde se toman las decisiones más importantes del País. Allí se decidió que el PPD de Aníbal Acevedo Vilá ganó las elecciones de 2004 y también que el PNP de Carlos Romero Barceló las ganó en 1980. Allí se han tomado grandes decisiones para proteger los derechos de las mujeres y los trabajadores... también de los desarrolladores de Paseo Caribe. Ese Tribunal fue el que resolvió que la gente que sus patios colindaban con el gasoducto no tenían derecho impugnar el proyecto Vía Verde porque el tubo no ha explotado todavía. Allí, en relativa calma, se decide constantemente el futuro de Puerto Rico aunque la mayoría de los puertorriqueños y puertorriqueñas lo ignore.

Las decisiones en el Tribunal Supremo se toman por mayoría de votos entre los jueces. Para que tengan una idea de cuán difícil es controlar el Tribunal Supremo,

Luis Muñoz Marín, el caudillo del Partido Popular, no logró nombrar suficientes jueces verdaderamente afines a él como para obtener una mayoría hasta el 10 de diciembre de 1957. En esa fecha llegó a la presidencia Luis Negrón Fernández y en ese momento tanto él como el resto de los siete jueces que componía la plantilla del Tribunal Supremo habían sido nombrados por Muñoz. O sea, que a Muñoz le tomó diez años controlar el Supremo desde que ganó, por primera vez, como gobernador en 1948. Si se toma en consideración como fecha de partida la de la fundación del Partido Popular en 1938, le tomó 20 años controlar el Tribunal Supremo. Aún así, se dice que la verdadera "puertorriqueñización" del Tribunal Supremo —antes era Estados Unidos quien nombraba a los jueces en Puerto Rico— no se dio sino hasta 27 años después de asumir Muñoz la gobernación, esto es, cuando en 1975, el gobernador popular Rafael Hernández Colón nombró como juez presidente a José Trías Monge.

Pues resulta que para cuando comenzó el gobierno compartido de Aníbal Acevedo Vilá como gobernador y los penepés en el Senado, el Tribunal Supremo estaba compuesto de seis jueces asociados y un juez presidente. De las siete plazas, cuatro habían sido nombrados por gobernadores populares y tres por gobernadores del PNP. O sea que si había que tomar una decisión, los cuatro jueces populares podían hacer una mayoría.

Para el cuatrienio del gobierno compartido, se sabía que uno de los penepés, Baltasar Corrada del Río, cumpliría 70 años el 10 de abril de 2005 y que otro, también nombrado por un penepé, Francisco Rebollo López, cumpliría la misma edad en agosto de 2008.

Aunque los penepés ya mostraban resistencia, Aníbal Acevedo Vilá estaba dispuesto a negociar con el Senado los nombramientos. Al fin y al cabo, la mayoría popular permanecía y lo que había que nombrar eran las plazas que dejaron jueces nombrados por penepés. Incluso, llenando las dos plazas con estadistas, la mayoría del PPD permanecería.

Hasta que el destino se metió en el medio. Como dije en la introducción de este libro, el 3 de diciembre de 2007, la prensa del País reseñó la muerte de Jaime Fuster Berlingeri, ex Comisionado Residente por el Partido Popular bajo la gobernación de Rafael Hernández Colón y, a su fallecimiento, juez asociado del Tribunal Supremo.

Se trancó el dominó. La mayoría popular en el Tribunal Supremo estaba en peligro. Había ahora tres jueces populares, un penepé y tres vacantes. Si el Partido Nuevo Progresista colgaba en el Senado cualquier nombramiento al Supremo que hiciera Acevedo Vilá y ganaba luego las elecciones de 2008, lograrían, por primera vez en su historia, tener el control ideológico del Tribunal Supremo.

Pero veamos un poco más allá de la coyuntura histórica. El Tribunal Supremo de Puerto Rico no puede operar con menos de cuatro miembros en el pleno, es decir, constitucionalmente y por los casos resueltos por el propio tribunal, lo menos que puede tener el Tribunal Supremo en total son cuatro miembros. En ese momento, la rama de la democracia que está supuesta a ser apolítica estaba literalmente secuestrada por las fuerzas políticas. En caso de que uno de los jueces o juezas en ese momento se enfermera, muriera o renunciara hubiéramos tenido desde agosto hasta que se nombrara a la próxima persona un Tribunal Supremo incapaz de decidir cualquier asunto incluso si se hubiera repetido la historia de los pivazos del 2004. Ciertamente, el Tribunal Apelativo sería el último foro judicial mientras tanto, pero imagine usted lo que sería no saber el resultado de casos importantes que ya estaban sometidos ante el Supremo donde se ponen en juego millones y millones de dólares o incluso, determinaciones de quién ganó las elecciones en los 78 municipios, 78 puestos legislativos, Comisaría Residente o la gobernación.

Durante el cuatrienio perdido, el Tribunal Supremo fue secuestrado por el Senado que no estaba en disposición de confirmar a absolutamente nadie, incluso estadistas que propuso Aníbal Acevedo Vilá por lo bajo. El ex candidato a la alcaldía de San Juan por el PNP en

1992, Carlos Díaz Olivo y otros estadistas, rechazaron ser nombrados para no ser víctimas del escarnio público que seguramente conllevaría la investigación de cuanto detalle de su vida, más si el nombramiento se hacía sin la previa anuencia de Jorge de Castro Font y su grupo.

Lo que sucedió con el Tribunal Supremo no fue un asunto de vida o muerte, claro que no, pero fue una demostración lapidaria del nivel de politización a la que está sometida nuestra Rama Judicial.

Todo esto los penepés lo sabían. Los populares también. No es sorpresa que se reseñara entonces que el ex juez presidente del Tribunal Supremo, José Andreu García, —también nombrado por un popular—, dijera, con motivo del retiro de Francisco Rebollo López: "honorable juez Rebollo, usted ha escogido el peor momento que pudo haber escogido para cumplir 70 años".

Y así fue. Unos cuantos meses después del retiro de Rebollo López, ya retirado también Baltasar Corrada y muerto Fuster Berlingeri, ganó las elecciones Luis Fortuño y el PNP quedó en posición de nombrar la mayoría en el Supremo.

En febrero de 2009 Fortuño hizo sus tres primeras nominaciones con las que el PNP tomó por primera vez desde su creación el liderato del Tribunal Supremo.

¿Escogió a grandes juristas y personas versadas en el derecho, conocedoras por su aportación a la profundidad jurídica y sus cualidades de jurisconsultoría? Bueno, desconozco sobre lo último, pero puedo decir al menos los datos. La jueza Mildred Pabón Charneco antes de ser nominada al Apelativo fue asesora del ex gobernador Pedro Rosselló, el juez Rafael Martínez Torres fue secretario de la ex presidenta de la Cámara de Representantes Zaida Cucusa Hernández y el juez Erick Kolthoff Caraballo fue asesor del Senado bajo el convicto senador Héctor Martínez.

Pero la cosa no quedó ahí. El "Banquete" tenía más platos. El menú era tan amplio que parecía un *buffet* de esos *"all you can eat"*.

Además de las tres vacantes en el Supremo surgidas por cosas del destino, surgió una cuarta vacante no tan casual. Como nadie sabe lo que hay en la olla mejor que la cuchara que la menea, me limito a dar los datos.

Efectivo el 31 de julio de 2010, el juez Efraín Rivera Pérez —nombrado por el gobernador Rosselló—, entregó su cargo de juez asociado del Tribunal Supremo. Dijo en su carta de renuncia que debía hacerlo por razones de familia "que han surgido y resultan impostergables". Esa movida, que ciertamente favorecía a Fortuño, parece que no favorecía mucho a la facción de Rosselló porque al día siguiente Thomas Rivera Schatz le pidió públicamente que reconsiderara su renuncia. El juez no reconsideró nada, se fue y la silla quedó a disposición de Fortuño.

Pienso que quizás Rivera Schatz quería tener más de un voto leal a él y al rossellismo en el Supremo y quería que el renunciante juez diera su brazo a torcer y votara a favor de aumentar el Supremo. Rivera Pérez se conoció por no haberle fallado en contra al PNP en ningún caso y también se considera el juez más leal a Rosselló de todos los que pasaron por el foro.

Sean cuales fueren las razones familiares del ex juez Rivera, sabemos que se disiparon lo suficiente como para que el gobernador Fortuño lo nombrara "Monitor de la Policía" —*whatever that is*—. Tres meses después de haber renunciado a su posición de juez asociado, es decir, en octubre de 2010, Rivera Pérez llegó con un espectacular sueldo al espontáneo puesto. Aunque nunca supimos la totalidad de la información, la famosa periodista Irene Garzón publicó una interesante columna[8] donde dijo que el Juez Rivera Pérez se oponía a aumentar el número de jueces en el Tribunal Supremo de siete a nueve. Es decir, que el único impedimento que tenía Fortuño para perpetuarse en el poder a través del Supremo con mayoría abrumadora era el Juez Rivera Pérez quien se oponía a la movida.

Hoy, más de dos años después, no se sabe mucho de la supuesta encomienda de Rivera Pérez en la policía ni de las razones impostergables para la renuncia de este servidor público, más allá de que el caballero preparó

---

8 *Primera Hora*, 14 de junio de 2010, página 12.

un informe y que se ganó $300,000. Ojo, ese dinero es aparte de la pensión de $100,000 anuales que se gana por ser ex juez y lo que se gana en su práctica privada como abogado la cual ahora se encuentra muy boyante cuando le piden ser parte de cuanto caso de alto interés político existe incluyendo pleitos de clase donde también está metido el ex juez presidente Andreu García, entre otros, el de la Telefónica donde los abogados podrían ganar hasta 75 millones de dólares.

Del famoso informe del prestigioso Monitor de la Policía me basta con decirles, no mi opinión, sino la de una abogada a quien respeto mucho, la licenciada Judith Berkan. Según una nota de *El Nuevo Día* de 2 de julio de 2011, la letrada dijo estar "totalmente indignada al ver un informe que ni analiza el problema de la disciplina ni las miles de querellas de ciudadanos que están pendientes y las muchas más que no se han presentado".

Podría decir más, pero como para muestra un botón basta solo digo que tras salir de juez el caballero se ganó en nueve meses $300,000, así que algo bueno habrá tenido el informe de solo unas paginitas. Además, Fortuño se quedó con otra plaza de juez asociado del Supremo para llenarla.

No sé si lo que viene ahora tenga que ver o no con el nombramiento de Rivera Pérez como Monitor, pero lo cierto es que ocurrió cronológicamente después. El 5 de noviembre de 2010, el Tribunal Supremo de Puerto Rico, ya controlado por los nuevos jueces nombrados por Fortuño, le pidió al entonces Gobernador de Puerto Rico —o sea, a Fortuño— y a las cámaras legislativas que aumentaran de siete a nueve las plazas de jueces del Tribunal Supremo. No les tengo que decir cómo fue la votación.

El gobernador pudo nombrar dos jueces más, además de las cuatro plazas que ya tenía. La composición del Tribunal quedó en seis penepés y tres populares.

Para que tengan una idea, el último de los seis nombramientos que hizo Luis Fortuño para el Supremo fue el del juez Luis F. Estrella Martínez, que tiene hoy poco más de cuarenta añitos. Este señor —que por lo que ha escrito hasta el momento, me parece que será muy buen juez—, puede quedarse en su puesto por los próximos 28 años o más, si para entonces ya no está vigente la limitación constitucional de los setenta años de edad. ¡Eso es hasta el año 2041! O sea, que la influencia de Fortuño quedará garantizada en Puerto Rico hasta el año 2041 aunque su mandato culminó en el 2012.

Ya con eso estaba el plato principal del banquete, pero hay otros platos secundarios que también se deben mencionar y que bien bastarían, ellos solitos, para alimentar al político más hambriento.

Resulta que hay otras estructuras de gobierno que tampoco tienen que ir a elecciones cada cuatro años y el apetito era demasiado como para conformarse con el Supremo.

Por ejemplo, el Contralor de Puerto Rico es la persona que por disposición constitucional debe fiscalizar las finanzas del gobierno. Su nombramiento es por 10 años. La Oficina de Ética Gubernamental se encarga de fiscalizar la conducta de los servidores públicos. El nombramiento de la directora o director ejecutivo de esta oficina es también por 10 años. La Oficina del Panel sobre el Fiscal Especial Independiente se encarga de procesar criminalmente a los altos funcionarios y está regida por un panel de tres ex jueces. Estos tres ex jueces, por una enmienda a la Ley, son nombrados ahora por 10 años.

Y hago una pausa aquí para que entendamos lo que esto implica. Si en los próximos 10 años se investiga algún supuesto delito cometido por Fortuño, o por cualquiera de sus subalternos quien único, repito, ÚNICO, puede radicar cargos a nivel estatal es el Panel del FEI. O sea, el FEI es el único que puede hacer que vaya preso desde el gobernador, judicatura, alcaldías, legisladores y legisladoras, secretariado, gabinete, etc. Así que si surge algún asunto de corrupción bajo el PNP por los próximos 10 años, allí tienen fieles y leales a las altas esferas del partido para que dispongan. Bendito, y no me vengan con que a algunos alcaldes de tercer y cuarto nivel le han radicado cargos porque esos pobres infelices no saben lo que de verdad está en juego aquí. Seguimos, aún queda mucho banquete por repartir.

Varias procuradurías, dedicadas a promover el interés de grupos tradicionalmente discriminados como las personas con impedimentos, las mujeres, los veteranos, los envejecientes, etc., también están dirigidas por funcionarios cuyos nombramientos exceden el cuatrienio. La Oficina del Ombudsman, fiscales, jueces y juezas del apelativo y de menor jerarquía, juntas de gobierno de las 42 corporaciones públicas que trascienden el cuatrienio y fideicomisos. En fin, hay mucho más que un cuatrienio en juego cuando se vota en nuestra democracia.

Para dar un ejemplo simple y como ya dije, en total Fortuño nombró 203 jueces y juezas de los 385 puestos que hay en tan solo cuatro años. Es decir, que la influencia de su administración trascendió por décadas nombrando a 54% de toda la judicatura del país. Muñoz Marín debería envidiar un tanto al supuesto bobo del Colegio Marista de Guaynabo.

El propósito de que todos estos nombramientos sean por más de cuatro años, es separar sus funciones de la política activa. La idea es que a la hora de nombrar a estas personas, se tome en consideración el interés público y no el interés político partidista. A su vez, estas personas tampoco considerarían los intereses políticos al ejercer sus funciones. Tremenda teoría.

Pues eso no funciona así, y menos funcionó para Fortuño quien tuvo la bendición de Jorge de Castro Font. Todos estos nombramientos quedaron vacantes durante su gobierno o estaban vacantes cuando él llegó.

Claro, y usted dirá, ¡pero qué casualidad!

Pues sepa que no fue exactamente así. Lo que pasó es que los penepés en el Senado, tal y como hicieron con los nombramientos al Supremo, casi no permitieron que se llenaran las vacantes, ni aún con personas afiliadas a la palma. Colgaban los pocos nombramientos que Aníbal podía hacer porque poca gente se prestaba para esa cacería y muchos quedaron colgados y aún aquellos que no colgaban eran a cambio de nombramientos de los suyos simultáneos, y así poco a poco, se acumularon todas las vacantes para cuando el nuevo gobierno penepé llegara.

Hablemos claro, el Senado sí dio paso a muchos nombramientos, pero jamás los que debió. También estaba el otro factor, muchas personas que podían estar interesadas nunca se prestaron para ser nombradas pues sabían que entrarían en una cacería de requeté buscar en su pasado cuanta tontería se pudiera. Les harían lo que le hicieron a la nominada Secretaria de Asuntos de la Juventud, a la cual colgaron por haber emitido varios cheques sin fondos. ¡Cómo si en Puerto Rico a nadie le hubiera rebotado un cheque alguna vez! Obvio que esa no fue la verdadera razón para colgarla. Había razones políticas específicas y en la comisión del senador PNP Luis Daniel Muñiz —quien era de Moca, mientras ella también siendo de Moca, pero del PPD— se encargaron de matar a una potencial aspirante de la pava.

Y si usted piensa que es un acto irresponsable el mantener en suspenso al gobierno so pretexto de tener el control cuatro años después, sepa que está en lo correcto. Eso exactamente fue lo que hicieron en el Senado los miembros del mismo Partido Nuevo Progresista que en las elecciones siguientes de 2008 obtuvo un millón de votos con Luis Fortuño a la cabeza. Habrá sido sucio, pero fue muy efectivo.

Como era de esperarse, el PNP ganó las elecciones y Fortuño nombró su contralora, su directora de Ética Gubernamental, su panel del FEI y sus procuradoras. Nombró a todas menos una, la procuradora del enveje-ciente. Su término vencía en el 2014.

Peor aún, la procuradora del envejeciente tenía un gran defecto, era popular. No era, como la contralora Yasmín Valdivieso, esposa de un contratista del PNP. Tampoco era, como la presidenta del Panel del FEI, Nydia Cotto Vives, una correligionaria que hizo aportaciones económicas a la campaña del PNP y que, aún siendo presidenta, mantenía contratos con agencias del gobierno a quienes debe fiscalizar. Tampoco parecía tener la intención de ser tan pasiva como la Directora de Ética Gubernamental, Zulma Rosario Vega a quien he preguntado repetidamente si pasquinaba para el PNP y si mientras pasquinaba llevaba una neverita de playa.

No es por nada, pero, ¿qué caso importante por corrupción ha destapado Ética Gubernamental bajo la dirección de Rosario Vega? Esta dama es la que en marzo de 2013 dijo a la prensa que no ha podido investigar las finanzas de los legisladores porque son asuntos muy complejos. Además dijo también en marzo que no había podido indagar la emisión de bonos de Retiro del año 2008 pues el expediente era muy complejo. En cinco años no pudo averiguar la legitimidad de una transacción. ¿No será porque el hermano de Luis Fortuño era el jefe de una de las agencias investigadas? Entonces, ¿¡para qué rayos le pagamos a esta señora!?

Pues el defecto del que le hablaba, ser popular, fue el que provocó, luego de varias disputas mediáticas, judiciales y legislativas, que el gobierno de Luis Fortuño aprobara la Ley que desmanteló la Oficina de la Procuradora del Envejeciente que dirigía Rossana López León y que creó una oficina de nombre similar pero diferente, con las mismas funciones de la anterior. Es como si al gobernador le diera por desmantelar el Centro Médico, botar a todos los doctores que lo dirigen y crear otro que se llame "Complejo de Salud" y nombrar a los directores que le dé la gana so pretexto de que es algo nuevo.

De más está decirles que Fortuño no llamó a López para que ocupara el nuevo puesto. En su lugar nombró a otra persona que pasó por allí sin pena ni gloria y que, según se reseñó en la prensa entonces, sacó a López León de su oficina acompañada de escoltas armadas.

Algo me dice que el nuevo procurador no era popular.

Por otro lado, a Rossana López no le vino nada mal todo esto, porque la exposición que todo este escándalo le produjo, la catapultó a ser candidata por el Partido Popular al Senado y a ganar las elecciones de 2012. O sea, que ella tampoco era una hermanita de la caridad, dedicada en cuerpo y alma a los intereses no partidistas.

Ahora bien, no hay duda que ella fue la única jefa de agencia que le hizo frente a Fortuño y a la Ley 7 y no botó a personas como le pedían en Fortaleza e incluso le ganó un caso en el Tribunal Federal al ex gobernador. Eso sin contar con que públicamente haría un estudio de los efectos del gasoducto sobre la gente de la tercera edad que vivía en la ruta del famoso tubo el cual fue a la yugular del proyecto que era el niño mimado del ex gobernador. Tras todo esto, era obvio, Fortuño quería su cabeza y ella sería candidata del PPD pues se convirtió en una heroína de la pava.

Ya Fortuño tenía todos sus nombramientos. Pero, ¿qué banquete estaría completo sin el postre? Al voraz partido azul le apetecía otra institución más, pero ya todo el gobierno estaba repartido y con la Ley 7 habían botado la gente suficiente como para reemplazarla con contratistas leales a la palma. Así que pusieron su mira en el Colegio de Abogados y la Asociación de Empleados del Estado Libre Asociado (AEELA).

El gran defecto del Colegio de Abogados es que, igual que la procuradora del envejeciente, no es muy penepé que digamos. Además, tiene por costumbre honrar a personas *non gratas* para el PNP, como cuando hicieron el velatorio del independentista y líder del Ejército Popular Boricua, Filiberto Ojeda Ríos, asesinado a tiros por el gobierno federal en el aniversario del Grito de Lares. La AEELA... pues me imagino que se quisieron quedar con ella por el nombre tan feo que tiene para el ala estadista, además de por los $5,000,000,000 —sí, cinco mil millones o cinco billones en inglés— en activos que tiene.

El ataque al Colegio de Abogados tuvo al menos tres frentes. El primero consistió en aprobar legislación para derogar la colegiación compulsoria. Eso significa que los alrededor de 10,000 abogados y abogadas en el país ya no están obligados como lo estaban hasta ese momento, a ser miembros del colegio y pagar la cuota de $250 anuales.

Claro, la ley dice que el que no quiera ser miembro del Colegio estaría obligado a pagar entonces una cuota fijada por el Tribunal Supremo. Pero, ¿saben cuál es la cuota del Supremo? Cero. ¡Eso sí que es sana y leal competencia! Así que bajo el esquema de la ley, o pagas $250 si quieres o no pagas nada. Obvio que los abogados y abogadas no son diferentes al consumidor tradicional. La mitad dejó de pagar y ya.

El segundo frente fue la creación de la Puerto Rico Lawyers Association, a cargo de su fundador, el licenciado Efraín Rivera Pérez. Sí, ese mismo que renunció a su cargo de juez asociado del Supremo y que obtuvo un contrato de $300,000 por ser monitor de la policía durante nueve meses. Esta organización rompió con el monopolio del Colegio de Abogados, que antes era la única organización profesional que los agrupaba y permitió que se unieran voluntariamente a ella los abogados y abogadas del país.

Aunque son organizaciones distintas, la existencia de la Puerto Rico Lawyers Association es la tranca perfecta para el Colegio de Abogados porque, aun si los populares en el poder legislan para volver a la colegiación compulsoria, esta organización reclamaría inmediatamente que tiene un derecho adquirido, que la colegiación compulsoria afecta el derecho de sus miembros a asociarse y que no los pueden obligar a pertenecer compulsoriamente al Colegio.

¿Y saben a dónde llevaría su reclamo la Puerto Rico Lawyers Association? Nada más y nada menos que al Tribunal Supremo de Puerto Rico. Ese tribunal que ahora seis de sus nueve miembros los nombró Fortuño.

El tercer frente contra el Colegio de Abogados fue impulsar, a través de varios abogados del país, un pleito ante el Tribunal Federal, para reclamar varios millones de dólares que alegadamente le adeuda el colegio a sus miembros. El Colegio quedaría obligado a pagar sobre cuatro millones de dólares que, sumado a la merma en sus ingresos por la reducción en el número de miembros, provocaría la quiebra de la institución e incluso le obligaría a entregar su emblemático edificio sede en Miramar. Además de que le quitaron diversas fuentes de obtener dinero que típicamente iban al Colegio y que no abundo porque creo es innecesario.

¿Y qué ha pasado entonces con el Colegio de Abogados? Pues nada. El Colegio resiste; muchos abogados y abogadas se han mantenido fieles; y en las últimas elecciones internas escogieron una presidenta que por lo que me han dicho no puede ser más independentista. El PNP no pudo comerse ese bizcochito y los populares, ahora en el poder, ya han presentado legislación y propuestas para inyectarle fondos que le habían quitado.

Personalmente, yo me opongo a que el Colegio de Abogados sea otro frente político más y critico que se ha haya usado como poltrona para ayudar al PPD o a movimientos políticos en el pasado. Eso tiene que cambiar y creo que en esa dirección va el asunto. Tampoco veo correcto que so color de autoridad se trate de eliminar una institución por meramente ser políticamente adversa.

Yo, para que no me digan popular o penepé, pertenezco al Colegio de Abogados y también a la Puerto Rico Lawyers Association. Creo que soy uno de los pocos abogados en Puerto Rico, si no el único, que pertenece a ambas asociaciones a la vez.

La historia de la AEELA fue distinta.

Como eso de aprobar leyes para apoderarse de instituciones se le estaba dando muy bien a la administración Fortuño, aprobaron una Ley que aumentaba el número de miembros de la Junta nombrados por el gobernador y, claro, de paso mediante ley le cambiaron el nombre a *Asociación de Empleados del Gobierno de Puerto Rico*. Dos en uno, lograron más control del gobierno sobre esa organización y eliminaron el Estado Libre Asociado del nombre. Ese bizcochito, más bien ese señor bizcocho; una institución sin fines de lucro creada para servir los intereses financieros de los empleados públicos del País; que tiene sobre cinco mil millones de dólares en activos; y que recibe las aportaciones de sobre 200,000 empleados cada quincena; quedó en manos del penepé. ¡Y mire si son afrentaos' que hasta de azul pintaron todas las facilidades en Hato Rey con bombillas resplandeciente del azul estadista que se pueden ver a la distancia!

Igual suerte corrieron otras juntas y organismos como, por ejemplo, el Fideicomiso de Ciencias y la Junta de Síndicos de la Universidad de Puerto Rico.

Un fideicomiso es una entidad creada casi siempre con el fin de disponer de alguna cantidad de dinero para un fin en particular, sin que nadie en el futuro pueda desviar esos fondos para otra cosa. Este tipo de mecanismo es muy útil en el caso de fondos gubernamentales, porque saca de la política partidista la decisión de asignar o no fondos para determinados usos. Ese fue el caso del Fideicomiso de Ciencias, en el que se le otorgaron 100 millones de dólares para promover proyectos e industrias relacionados a la ciencia y la innovación con miras a lograr el desarrollo económico del país.

Hace unos meses, el hoy ex director ejecutivo del fideicomiso, Thomas F. Farb, demandó al gobierno imputándole haber creado nueva legislación para desviar los fondos del fideicomiso para otros propósitos, a mi juicio una verdadera tragedia.

La forma en la que se había organizado el fideicomiso para garantizar continuidad y trascender la politiquería, fue que de los 11 miembros de la junta de directores, seis eran de la empresa privada y cinco eran secretarios del gobierno. Es decir, que no importa si el gobierno era rojo o azul, podría seguir, pues la empresa privada tenía mayoría para tomar decisiones. Pero, lo que hizo el PNP para quedarse en el poder fue que cuando iban renunciando o se le acaba el término a los puestos de la empresa privada no los sustituían y obviamente los cinco nombrados bajo el gobierno sí estaban allí, mientras que los de la empresa privada no. Fortuño simplemente no nominaba a nadie de ese sector, mientras dejaba entonces a cargo a sus secretarios, particularmente al Secretario de Desarrollo Económico José Pérez Riera, el querendón de Marcos Rodríguez Ema. De hecho, la razón por la que el PNP y Farb rompieron relaciones fue porque el gobierno quería usar los fondos para cosas prohibidas por las escrituras del Fideicomiso y la legislación original. Farb dijo que no se iba a prestar para eso, demandó al gobierno y solo Dios sabe lo que terminaremos pagando.

Pienso que estos fondos del Fideicomiso debieron siempre ser sagrados. Ahí está la única alternativa real de desarrollo económico de la Isla, la investigación y desarrollo a través de las ciencias practicadas por nuestro estudiantado y la creación junto con la academia de derechos de autor, patentes y productos en general. De ahí sale en gran medida el crecimiento impresionante que han tenido Irlanda, Finlandia y tantos otros países. En Puerto Rico ese dinero se fue para el Banquete.

Incluso, de la lentitud o carencia de interés en el fideicomiso, el Centro de Ciencias Moleculares de la UPR y el Centro Comprensivo del Cáncer hablaremos en subsiguientes capítulos.

Por su parte, la Junta de Síndicos de la UPR tiene el control de todo el sistema público de educación universitaria del País y administra el 9.6% del presupuesto total del gobierno. Así que de cada 100 dólares que pagas en contribuciones, casi 10 dólares van para la UPR. El presupuesto total de la universidad es de 1.4 billones de dólares.

La Junta de Síndicos cayó en manos del penepé mediante la Ley Núm. 65 de 21 de junio de 2010. Esta ley aumentó el número de sus miembros y, claro, quién mejor que Fortuño para nombrarlos. ¡Al menos los penepés no le cambiaron el nombre a la UPR!

Por supuesto, desde antes de entrar Alejandro García Padilla a la Fortaleza en enero de 2013 tenía en la agenda revertir todo esto y ya lo hizo cambiando hasta el nombre a la Junta y su composición utilizando como escudo la autonomía universitaria cuando todo el mundo sabe que de eso ni un pelo.

Pero volviendo a Fortuño, no le quepa duda de que a él le tocó gobernar un momento muy difícil para el país y con un déficit monumental. Ahora bien, no es menos cierto que tuvo herramientas que nunca antes tuvimos y que aparentemente no se repetirán. Fortuño tuvo 11 billones de COFINA que pudo pedir prestados, tuvo siete billones de Fondos ARRA, tuvo 400 millones más de *Obama Care* disponibles para Mi Salud, tuvo 1.8 billones del impuesto a las foráneas que no se habían tenido antes y con el rescate bancario tras la quiebra de tres bancos locales tuvo al menos el efecto de que entraron cinco billones del FDIC que si no se hubiera dado ese rescate obviamente el resultado sobre la economía hubiera sido desastroso.

No hay duda de que Fortuño se enfrentó a un escenario difícil, pero también tuvo herramientas únicas en la historia y aparentemente irrepetibles. Pero lo que desde mi perspectiva hace merecedor a Fortuño del Salón de la Infamia es que tuvo un enorme capital político el cual botó y desperdició ridículamente. Fortuño logró deshacerse de lastres políticos como Romero, luego Rosselló y al final de Aníbal sacando más votos que nadie en la historia. Fortuño pudo ser demasiado diferente y enderezar las finanzas del país de verdad. Tenía el País a sus pies. La gente creyó en él, aún gente del PPD fue y votó por él en primarias sin importar líneas de partido. Podían diferir de su derechismo, pero nunca pensaron que era otro político aprovechado más. En cambio, Fortuño prefirió practicar el *laissez faire* administrativo nombrando a sospechosos usuales como Rodríguez Ema, Ángel Cintrón, Edwin Mundo, José Pérez Riera, permitiendo con ellos la dilapidación del capital local y sobre todo la contratación a niveles nunca antes vistos totalizando hasta 9.1 billones de dólares en contratos en solo un cuatrienio. No fue la Ley 7 lo que mató políticamente a Fortuño, fueron los contratos que uno tras otro avergonzarían al más fuerte de cara. Fue que mientras predicaban necesidad de cortar gastos y despidos, otros amueblaban sus casas y oficinas con dinero público. Fue el intento de compra de los medios y de la opinión pública a través de anuncios de mentiras y falsedades pintando un país mejor el cual nadie que no fuera un millonario cercano al poder vivía. Fue el asqueroso malgasto de dinero y el truco y hasta sus finanzas personales que tan mal lo hicieron ver cuando en vez de explicar la notaría excesiva de su esposa se escudaba en el paquetero machismo y nunca explicaba. Fueron los bonos de productividad fatula, los nombramientos de los amigos del poder y en su derrota se vieron sus verdaderos colores dejando que se cayera la Isla y por dos meses siguieron repartiendo lo que quedaba del botín que aún hubiera contando con la suerte de que somos un pueblo sumiso porque en otros lugares lo linchaban. Como veremos en el próximo capítulo, lo que mató a Fortuño fue que bajo su gobierno quedó más claro que nunca que la corrupción dejó de ser ilegal. Ahora la corrupción había sido legalizada.

III.

O GANAMOS O NOS LAS ROBAMOS

Todo lo que dije en el capítulo anterior, puede hacer ver a los penepés —y por carambola a Pedro Pierluisi, actual sucesor de Luis Fortuño— como verdaderos buitres o aves de rapiña. No obstante todas son estrategias políticas perfectamente válidas en un sistema democrático y republicano como el nuestro. Aunque pueden tacharse de burdas o hasta inmorales por algunos, las tácticas empleadas por el PNP para consolidar su poder no tienen nada de ilegal. Y si tienen dudas de eso, vayan y pregúntenle al Tribunal Supremo a ver qué contesta.

Considero que los populares hubiesen hecho lo mismo que hizo el PNP de habérseles presentado la oportunidad y que si no lo hicieron antes, es porque no tuvieron la necesidad.

Contrario al movimiento estadista, que vino desde abajo —e incluso llegó tercero en las elecciones de

1952—; el Partido Popular Democrático es un partido de mayorías, venido a menos en los últimos años. Al menos de eso se está ocupando el PNP y a mi juicio, lo está haciendo muy bien.

Nadie duda que en Puerto Rico hay dos partidos, el Popular Democrático y el Nuevo Progresista, que, alternándose en períodos de cuatro a ocho años, han tenido el control del gobierno durante la segunda mitad del pasado siglo y lo que va de este. Claro, que no podemos pecar de ingenuos y debemos reconocer que ese dominio está sujeto al control que ejerzan otras instituciones como el gobierno federal, la banca, los medios de comunicación, etc. Pero volvamos a nuestro tema, porque de eso hablamos en el cuarto capítulo.

Estos dos partidos hegemónicos, cada uno a su manera y en su lucha por tener el poder, diseñaron estrategias que les hicieron ganar cómodamente, al Partido Popular en el 2000 con Sila Calderón y al Partido Nuevo en el 2008 con Luis Fortuño. Descartemos las elecciones de 2004 —la de los pivazos y el gobierno compartido— porque fueron realmente aberradas.

Ambos partidos, en ausencia de otras mejores, han ido reciclando sus respectivas estrategias del pasado. Para las elecciones de 2012, el Partido Popular apostó a ser lo más atractivo posible a la derecha (ala conservadora) porque sabía que la izquierda (ala liberal) poco apoyará al PNP mientras la estadidad estuviese en juego y, más aún, mientras tuvieran como candidato a gobernador a un conservador republicano que le gustaba despedir gente.

De hecho, el Partido Popular —y el PIP también aunque no le guste— siempre han sabido que los independentistas cruzan líneas partidistas al final de cada campaña electoral, cuando faltan sólo unos días para el momento decisivo y algún periódico bien o mal intencionado saca una encuesta que pone al PNP ganando. Con eso, los llamados "melones" tiemblan y terminan dando el brinco. Hay incluso quien medio en broma y medio en serio, dice que por el eso el PPD instituyó la Ley Seca que prohíbe la venta de alcohol el día de las elecciones. Como el puertorriqueño al darse el palo se vuelve nacionalista, mejor que vayan sobrios a las urnas.

Así, la estrategia clásica del PPD ha sido hablar de "unión permanente" al principio de toda campaña con el fin de atraer al ala estadista. De hecho, el término "unión permanente" lo acuñó el fundador del PNP Luis A. Ferré, aunque los populares han sabido sacarle más provecho. Culminada la pesca en el océano estadista, los populares recogen las redes para lanzarlas en el último minuto en el mar —o debo decir lago— independentista. Se sustituye el discurso de la "unión permanente" por el de la "patria puertorriqueña". Entonces, bajan la "pecosa", como "cariñosamente" llamamos a la bandera de los Estados Unidos y sacan la bandera boricua con uno que otro "coño, despierta boricua", para atraer al más aguerrido nacionalista.

¿Por qué creen entonces que Alejandro García Padilla se inventó lo de apoyar el "Sí" en la consulta de la fianza que se celebró varios meses antes de las elecciones generales? Hacer eso lo puso en una buena posición para atraer los votos conservadores. El mensaje fue: "estadista aquí estoy yo, a la derecha del Partido Popular así que como tú estás apesta'o de Fortuño, vota por mí que no soy tan liberal na'".

Haciendo un paréntesis sobre la postura de García Padilla sobre el "Sí", tengo que decir —porque no me puedo quedar con eso dentro— que mi opinión es que él vio que las encuestas ponían al "Sí" ganando en ambas consultas y se montó en la misma ola del PNP como movida política y no porque se lo dictara su conciencia. Peor aún, hay quienes dicen por lo bajo que la movida del ahora gobernador de apoyar el "Sí" la hizo para ahorrar una tonga de chavos. De haberse echado encima el "No", Alejandro hubiese tenido que gastar dinero a dos manos con un PNP boyante que sin oposición se gastó casi dos millones de dólares en dicha consulta. De Alejandro haber hecho un gasto parecido, las últimas tres semanas de las elecciones se hubiera quedado sin gasolina como le pasó a Carlos Pesquera en el 2000 a dos semanas de las elecciones, con el conocido resultado.

Como estrategia política fue exitoso, pero esto deja claro, a mi juicio, que Alejandro García Padilla no demostró ser el líder del País, sino un candidato más. Bien pudo haber él defendido sus verdaderas creencias y hacer, como hizo Aníbal Acevedo Vilá al llevar a la victoria al PPD en el referéndum de 1998 (el de la quinta columna), cuando todas las encuestas pronosticaban su derrota. Los líderes, se crecen en momentos de dificultad, no en la comodidad o en la ventajería política.

En fin, un político es exitoso en tanto y en cuanto gane elecciones, mientras que un líder exitoso es quien logra inspirar a la gente, independientemente de su posición. Los objetivos entre lo uno y lo otro son sumamente diferentes, y solo el tiempo dirá si lo que intuyo de Alejandro es cierto.

Volviendo al análisis de la campaña del "Sí", creo que el apoyo que Alejandro le dio a esa posición —incluso en contra de la mayoría de su partido— se convirtió en el virus que provocó su derrota. Siempre he pensado que si Alejandro no hubiera apoyado el "Sí", es posible que otro hubiera sido el resultado.

Usted podrá pensar que yo estoy diciendo un disparate porque lo que digo reta la lógica común. Sin embargo, yo no tengo duda de que las encuestas que ponían a ganar el "Sí" antes del evento electoral estaban correctas. Es imposible que tantas encuestas, muchas realizadas por gente muy seria, estuvieran erradas.

No tengo duda de que la mayoría del País sí quería que se limitara la fianza a los acusados de asesinato y que también quería que se redujera la cantidad de legisladores. Sin embargo, a la hora de la verdad la gente votó por lo contrario.

A mi juicio la razón para que la gente que quería votar "Sí" acabara votando "No" es porque hubo mucha confusión. Particularmente luego de que el PPD se dividió y Alejandro cambió de posición para apoyar el "Sí". La ciencia política demuestra que cuando la gente está confundida y no está segura de lo que debe hacer en un evento electoral, mejor no vota o vota porque las cosas se queden igual. Si a esta fórmula le añades que seguramente muchas personas optaron por votar "No" como voto castigo a Luis Fortuño, independientemente de que creyeran en el "Sí", ahí tenemos el resultado.

Además, el PNP se estaba dando cuenta de todo esto y de los efectos nocivos causados por el apoyo de Alejandro, que cuál virus se había incubado en la campaña del "Sí", abonando a la confusión general en el País. Así fue como el equipo de Luis Fortuño, en su evidente desespero electorero, incorporó a su campaña a víctimas del crimen, explotando y mediatizando el dolor ajeno en una manera a mi juicio asqueante y sin un ápice de sensibilidad.

Todos recordamos cuando la madre de una de las víctimas de asesinato le pidió al entonces gobernador que dejaran de usar un anuncio en el que se mostraba a los maleantes acusados de matar a su hijo porque cada vez que salía el anuncio, esa madre revivía su dolor. A pesar de los reclamos de esa madre y de otros sectores, el equipo de campaña del penepé fue al tribunal para poder seguir usando aquél famoso anuncio en que salían los supuestos asesinos "sacando el dedo". Obviamente, esa insensibilidad al dolor de una madre le costó votos a la campaña del "Sí".

La insensibilidad de la campaña del "Sí" provocó cambios en la estrategia del PNP de cara a las elecciones generales —lo que verdaderamente les importaba— y le costó el cargo a Annie Mayol, quien había sido designada para movilizar el voto progresista *("get out the vote")*. En su lugar colocaron a Henry Newman, quien no tenía el *"guaynabitch problem"* ni la desconexión con el pueblo estadista pobre que demostró tener Mayol. Creo que haber puesto a Newman en esa posición fue uno de los factores que permitió a Luis Fortuño reducir considerablemente la ventaja de Alejandro en la contienda por la gobernación.

Regresemos al tema de las campañas del 2012 y las estrategias que usaron los partidos mayoritarios.

El Partido Nuevo Progresista apostó a consolidar su base con el *issue* de la estadidad, que también se puso en juego ese año con la consulta de estatus y a minar el apoyo de la izquierda al Partido Popular, favoreciendo la creación de otros partidos políticos de minorías liberales. El mensaje fue: "estadista, sabemos que Fortuño es un flojo y probablemente no quieras ni salir de tu casa a votar, pero tienes que hacerlo porque la estadidad está en juego. Y ya que estás en la caseta, pues vótate ahí por Fortuño y el PNP de una vez porque ni modo que votes por la estadidad y por el candidato popular que no hará nada para adelantarla".

Siempre he pensado que la gran diferencia entre el Partido Popular y el Partido Nuevo es que el primero cuenta con mejores cerebros y el segundo, con mejores estrategas. Bajo la presidencia de Luis Fortuño —y lo digo independientemente del resultado de las elecciones—, sus estrategas demostraron ser geniales. Si no, ¿cómo usted cree que Alejandro García Padilla, que llego a tener en las encuestas ventajas de sobre 19 puntos porcentuales, acabó ganando con solo 1%?

El primer paso del penepé para ganar las elecciones de 2012, siempre me pareció genial. Al aprobarse la consulta sobre la fianza y la reforma legislativa, la idea era movilizar gente con una consulta que fuera un "bombito al *pitcher*". Escogemos dos preguntas bien "obvias" como la de si quieres quitarle la fianza a los asesinos en contadas circunstancias y la de si quieres reducir la Legislatura.

En la mente de los estrategas penepés, esta consulta tenía dos caminos, que se ganara o que se perdiera. Pero, independientemente del resultado, el PNP lograría dos cosas: (1) medir sus fuerzas de cara a las elecciones, (2) cambiar su imagen de que no han hecho nada por combatir la criminalidad o bregar con el problema de la legislatura. Si se ganase, entonces el PNP afianzaría su maquinaria aún más antes de las elecciones y, sobretodo, con la reforma legislativa afianzaría su poder en el Senado y la Cámara para los años venideros porque su propuesta haría casi imposible que el PPD obtuviera la mayoría en los cuerpos legislativos. De hecho, también hacía bien difícil que partidos minoritarios lograran elegir su gente ya que la reforma que propusieron en consulta al pueblo a quien único favorecía era al partido que más votos íntegros sacara. Sabemos que 1992 para acá ese partido es el PNP.

La reforma legislativa, según propuesta, estaba diseñada para que a menor cantidad de escaños legislativos, particularmente los de acumulación, mayor cantidad de votos íntegros se necesitarían para ganar. Esto hubiese dado una considerable ventaja al PNP como ya dije. Claro que no hace falta explicar esto en detalle aquí porque la consulta no se ganó, pero antes del evento expresé mi posición en columnas de opinión donde detallé mi tajante oposición a reducir la Legislatura de esta manera. Considero que la Legislatura debe ser el lugar donde más facilidad debemos dar para que personas de diversos sectores de la sociedad civil participen. En la realidad, tenemos un país muy dividido y con muchas minorías, pero en nuestro sistema representantivo se les imposibilita llegar a la Legislatura.

Pero volviendo a nuestro análisis, lo importante es que cuando los penepés diseñaron la consulta, también la diseñaron pensando en la eventualidad de que perdieran. Como el mayor enemigo —y miedo— del penepé en estas elecciones había sido la abstención o que sus electores del corazón del rollo no salieran a votar por su decepción con Fortuño, crearon esta consulta tres meses antes para medir ese factor y, además, llevar el mensaje de: "estadistas, ¿ven lo que pasa cuando se quedan en casa...? los populares ganan. No permitan que eso pase en las elecciones generales y mucho menos pongan en peligro el ideal de la estadidad en la consulta de estatus. Salgan a votar".

Recordarán el grito de Rivera Schatz cuando hacía el llamado a las huestes diciendo: "Mi Partido Duerme. Solo podemos ganar si mi partido despierta." Era tan obvia la abstención electoral que se avecinaba dentro del PNP que un sabueso político ex comisionado electoral y secretario general como Tommy estaba pronosticando que ese sería el factor decisivo.

Otra estrategia buenísima del PNP para dar el "empujoncito" en las elecciones del 2012 fue enmendar la ley electoral y el sistema de financiación de partidos. A fin de cuentas, de eso se trató la estrategia del PNP durante todo el cuatrienio, de enmendar leyes para acomodar las instituciones a su favor y "cargar los topos" a su beneficio.

El mejor resumen que he escuchado de las enmiendas del penepé al proceso electoral, lo hizo el ex candidato a gobernador por el PPD, Héctor Luis Acevedo, ¡y ese sí sabe de perder elecciones, aunque también de ganarlas a como diera lugar como lo hizo en el 1988 en San Juan! Acevedo dijo, según lo reseñó en su momento la periodista Maritza Díaz Alcaide del diario *Primera Hora*, que: "aquí lo que hay es un intento del gobierno de legislarse en el poder (…) de perpetuarse en el poder, aunque no tenga los votos".

Este "truco" del PNP tuvo que ver, una vez más, con el Tribunal Supremo. Según la Constitución, es el Juez Presidente quien determina dónde estarán destacados todos los jueces municipales del País, incluyendo cuáles de esos jueces tendrán que trabajar el día de las elecciones para resolver disputas electorales. Como ya se imaginarán, el PNP no estaba muy contento con que Hernández Denton hiciera esa tarea.

¿Y por qué esto es tan importante? Pues, si recuerdan las elecciones del 2004 (las de los pivazos), recordarán entonces que se tardó muchísimo en saber quién fue el ganador de las elecciones. La razón fue que, al estar tan reñida la contienda entre los dos partidos principales, el PNP intentó retrasar el conteo de votos en bastiones populares como Caguas, Ponce y Mayagüez. De esta manera no se sabría que Aníbal Acevedo Vilá iba ganando y mejoraría la moral de los progresistas hasta que se supiera el ganador definitivo. Lo hicieron, al menos hasta que intervinieron los jueces municipales, negándose a firmar las actas electorales en esos distritos.

Esos jueces municipales que impusieron la ley sobre las estratagemas del entonces Secretario Electoral del PNP, Thomas Rivera Schatz, se ganaron el desprecio del tiburón blanco quien los acusó de ayudar al PPD durante el proceso electoral. De ahí salió la idea que se plasmó en el proyecto de ley que años después se le presentó a Fortuño en Fortaleza por un prominente abogado estadista entonces asesor del portavoz de la palma en la Cámara, Carlos Johnny Méndez. El proyecto establecía que fuera el pleno del Tribunal Supremo —la mayoría nombrada por Fortuño— quien determinara los jueces que en la noche del evento electoral decidirían las controversias que pudieran surgir en cuanto al conteo de votos. Pero, como iba a ser muy burdo el intento de manipulación, se negoció a última hora escoger los jueces municipales por sorteo. De esa manera le quitaban la facultad al Juez Presidente, pero no exponían indebidamente a la mayoría penepé de jueces del Supremo, ni se les veía tanto el refajo. Aunque eso es algo que a los penepés nunca les ha importado tanto.

Otro de los "truquitos" del penepé fue el trato privilegiado a los partidos de nueva inscripción. Si no fuera así, ¿por qué usted cree que hubo tanto partido inscrito para las elecciones de 2012?

Sabiendo que la base estadista del PNP estaba unida y que al menos por ahora no hay interés en el pueblo de crear otros partidos estadistas, la administración Fortuño propulsó enmiendas que favorecieron el surgimiento de nuevos partidos. Todos ellos, al ser "no estadistas", diluirían el apoyo al Partido Popular en mayor proporción que lo que podrían diluir al Partido Nuevo.

Por ejemplo, cuando al MUS, al PPT y al PPR se les estaba haciendo bien difícil conseguir los endosos requeridos, la legislatura penepé redujo la cantidad de endosos necesarios para inscribir un partido de 98,000 a 58,000. Además, le otorgó por ley un millón de dólares a cada partido inscrito. Eso permitió que estos grupos incipientes, independientemente de que tuvieran o no seguidores o contribuyentes políticos —más allá de la gente que sin compromiso alguno endosó su inscripción—, pudieran hacer campaña a su favor y por carambola, a favor del PNP. Pues cada voto a favor de un partido minoritario sería un voto, que con mayor probabilidad, hubiese obtenido el PPD de no existir ese partido.

No es casualidad, pues, que los últimos esfuerzos mediáticos de Alejandro García Padilla el días de las elecciones generales de 2012 estuvieran dirigidos a los simpatizantes de los partidos emergentes. ¿Se acuerdan del anuncio aquél que salían unos jóvenes en una guagüita volky, recogiendo las banderas de los partidos minoritarios y se quedaban con la popular? Pues esa era la idea, aminorar el efecto reductor que los partidos emergentes tenían en García Padilla. Estoy convencido que si los populares no hubiesen lanzado esa campaña de último minuto, Fortuño hubiese reducido la ventaja de su opositor y Alejandro hubiese perdido las elecciones.

Otro "truquillo" de la administración Fortuño fue aprobar la Ley para la Fiscalización del Financiamiento de Campañas Políticas en Puerto Rico. Esta ley, amparándose en el reciente caso *Citizens United v. Federal Election Commission* del Tribunal Supremo de Estados Unidos, liberalizó la cantidad de donativos que se les permite hacer a corporaciones y otras entidades a favor de un partido político.

El truco era que para que una organización pudiera aportar a un partido, necesitaba la mayoría de los votos de su matrícula completa. Esto significa que para una corporación *billetúa* de unos pocos miembros se hacía mucho más fácil aportar porque les bastaría con reunir a sus accionistas hasta por teléfono; mientras que para una Unión laboral se le haría bien cuesta arriba, pues tendrían que hacer una asamblea general entre todos sus miembros y lograr la mayoría del voto, ni hablar de si luego alguien decide ir al tribunal a impugnar la votación, paralizando el donativo.

Sabemos además que, tradicionalmente las corporaciones apoyan a los sectores de derecha —PNP y PPD, pero más al primero que al segundo—. Sabemos también que las uniones lo hacen justo al revés, apoyando a sectores de izquierda y de apoyo a los trabajadores, mayormente al Partido Popular. Así que tras el famoso y controversial caso judicial de *Citizens United*, el PNP ideó la forma de darle la vuelta al asunto para hacerle difícil a las uniones apoyar a la pava, pero fácil a las corporaciones apoyar a la palma.

Para que ustedes tengan una idea de a dónde llega el descaro con esto del financiamiento de las campañas políticas, los penepés no sólo enmendaron entonces la Ley a su favor sino que justificaron sus actos diciendo que en el pasado se habían robado muchos chavos, por lo que se hacía urgente enmendar la forma en que se financian las campañas en Puerto Rico. Vean esta parte del propio texto de la ley:

"No obstante lo anterior, el financiamiento de campañas para las Elecciones Generales del año 2004, dio lugar a múltiples irregularidades que culminaron en serias acusaciones contra particulares y funcionarios en el Tribunal Federal de los Estados Unidos para el Distrito de Puerto Rico. El procesamiento de estas personas ha puesto de manifiesto la necesidad de adoptar e implantar reformas para evitar el abuso al cual fue sometido el sistema electoral. La mayoría de los acusados, así como otras personas, admitieron o se declararon culpables de participar en esquemas para hacer o recibir donativos para campañas de forma ilegal. Asimismo, el ciclo correspondiente a las Elecciones Generales del año 2008, demostró la ilegalidad manifiesta de campañas financiadas sin los fondos necesarios para sostenerlas, publicidad pautada y pagada por agencias para partidos y candidatos que no tenían los recursos para pagarlas y un sistema que no pudo fiscalizar y prevenir transgresiones de ley."

¿Se olvidan los penepés que en ese texto, lo que ellos despachan con las sobrias frases "serias acusaciones contra particulares", "procesamiento de estas personas", "abuso al cual fue sometido el sistema electoral" y "esquemas para hacer o recibir donativos para campañas de forma ilegal" se refiere —además de a Aníbal Acevedo Vilá—, a ellos mismos?

¡Pero mire que pantalones! Esas "personas", esos "particulares" como los llama la Ley, tienen nombre y apellido; se llaman Jorge de Castro Font y compañía.

¿Y quieren saber quiénes son la "compañía" de Jorge de Castro Font? Pues nunca lo sabremos porque el gobierno estatal negoció con De Castro Font una sentencia de 10 años en un caso en el que uno sólo de los 95 cargos, el de lavado de dinero, pudo haber conllevado una pena fija de 20 años. Mientras, De Castro Font guarda silencio y como no sé si es cierto que va a cumplir su promesa de escribir un libro, en el título de éste que hoy escribo yo, le tomo su famosa frase para usarla de título, sin pago alguno de regalía.

Debemos conformarnos, por el momento, con las notas de los fiscales del Departamento de Justicia en la que aparecen varios nombres provistos por el propio De Castro Font y que sacó a la luz el periodista Oscar Serrano de *NotiCel*. Esa lista enumeraba al entonces gobernador Luis Fortuño, su esposa Luz E. Vela y una otrora asesora de Fortaleza, Annie Mayol —sí, la misma del *get out the vote*— ; los ex representantes Edwin Mundo y Ángel Cintrón; el ex presidente de Triple S, Miguel Vázquez Deynes; el dueño de Plaza Las Américas, Jaime Fonalledas; el dueño de *El Nuevo Día*, Antonio Luis Ferré; los desarrolladores Arturo Díaz y Rolando Cabral; los cabilderos Alfredo Escalera y Guillermo Zúñiga; los ex senadores Roberto Arango y Carlos Díaz; la senadora Margarita Nolasco; y el ex presidente del Senado, Kenneth McClintock.

Yo no se si en esa lista están todos los que son o son todos los que están. Pero cabe preguntarse, ¿por qué el gobierno no ha investigado a estas personas, aunque sea para decir que indagaron y no encontraron nada? ¿Por qué ninguna de estas personas ha reclamado civilmente por difamación, si es que son inocentes?

Pero nuevamente digo, nunca sabremos si estos nombres corresponden a los secuaces de Jorge de Castro Font, o si faltan aún más por enumerar. El gobierno no ha investigado y parece que no lo va a hacer y la sentencia contra el ex legislador parece más una compra de silencio que un intento de hacer justicia.

Al fin y al cabo, dos cosas buenas habrá hecho Jorge de Castro Font por el PNP, les diseñó el banquete total y supo callar a tiempo.

Esto es indignante. Particularmente, cuando nos damos cuenta de que en la lista de De Castro Font hay también donantes del Partido Popular. Y la indignación llega a niveles insospechados cuando recordamos que el propio De Castro Font no siempre fue penepé; que comenzó su carrera política —donde probablemente aprendió todo lo que sabe— en el Partido Popular Democrático; y que su gran maestro fue el ex presidente de la Cámara de Representantes, José Ronaldo Jarabo —a quien estimo, dicho sea de paso—.

Pero regresando a los trucos del penepé, particularmente en materia electoral, como muestra un botón basta.

Recordarán a Edwin Mundo cuando dijo que Luis Fortuño ganaría las elecciones porque aún no se habían contado los votos de las personas encamadas ni de los presos. Pues resulta que esos votos con los que pensaba ganar son los votos más dudosos y traqueteados del proceso electoral puertorriqueño.

Desde que Aurelio Gracia, ex Presidente de la Comisión Estatal de Elecciones propusiera que la gente encamada votara en su hogar, cada vez que se recogía un voto iban representantes de todos los partidos a la casa de esa persona para asegurarse de que el voto emitido fuera en efecto de la persona encamada que solicitó votar. La idea de tener representantes de todos los partidos allí en persona era evitar que a un enfermo o enferma le cogiera la papeleta la sobrina, el tío, la que lo cuida, el cuñado o el hermano del vecino y votara por él o ella. Esta medida pretendía evitar fraudes masivos, particularmente en centros de cuidos de envejecientes, donde una misma persona inescrupulosa se podría agenciar el voto de decenas de viejitos. En otros casos, se trataba de personas con enfermedades terminales que ya han perdido las facultades mentales y siempre aparece un hijo de #$%^& que es capaz de cualquier cosa.

Entonces, en una magistral muestra de traqueteo totalmente legal aunque inmoral, el PNP legisló para que los encamados enviaran sus votos por correo y no como antes, que funcionarios de cada partido visitaban a cada solicitante. El PPD no se había dado cuenta del genial truco y muchísimos de sus funcionarios y funcionarias firmaron las peticiones de voto encamado por correo sin verificar si quienes estaban pidiendo el voto encamado eran personas que realmente lo necesitaran. En los dos pueblos, Río Grande y Guaynabo, que se hizo la verificación encontraron un fraude masivo. Está demás contar la controversia que esto generó no sólo por la idea misma, sino por las muchas imputaciones de fraude electoral que salieron a la luz. Aún así, el comisionado de la palma, Mr. Edwin Mundo —hagan señal de reverencia pues ese sí que es un maestro en esto— se atrevió a decir en la misma noche de las elecciones que ganarían gracias a ese cuestionado voto. En esa le comieron los dulces a la pava aunque todo el mundo supiera que ahí olía a azufre. Solo hacía falta ver la cara de Edwin Mundo cuando decía su estrategia para llevarse la victoria así fuera por votos como estos. Aunque a mí se me hubiera sonrojado el rostro, a Edwin Mundo le salía más natural que comerse unas croquetas de bacalao en El Hipopótamo.

Pero si con el voto encamado olía a azufre, con el voto en las cárceles estaba hedionda la cosa. En el 2009,

Rivera Schatz fue a ofrecerle mejores condiciones y privilegios a los presos a cambio del voto para la palma. Nuevamente, esto es totalmente legal y válido en la democracia, luego de que en los ochenta se permitiera el voto en las cárceles. Curiosamente el ex gobernador penepé Carlos Romero Barceló fue quien se opuso a que se les concediera el voto a los convictos, aunque terminó accediendo entonces a la Legislatura dominaba por el PPD. El traqueteo con los presos, como ven, no es exclusivo de la palma.

Hago un alto para mencionar y dedicarle este capítulo a mi amigo Luis Dávila Colón, quien magistralmente etiquetó el pacto PPD-Ñeta bajo Sila Calderón como el pacto Popu-Ñeta. Hoy el pacto es con otro nombre, pero similar resultado.

En fin, no importa. Olvídese. Ganar y entronizarse para repartir los 29 billones del presupuesto consolidado que se juega todos los años en Puerto Rico es más fuerte que la ética. Ahí quedó embarrado Edwin Mundo ante la mirada de los tres millones de boricuas que están pendientes a las noticias en la noche de las elecciones. No hizo falta mucha inteligencia para saber que iban a todas.

Otro "truco", que por alguna razón apenas se ha discutido en la palestra pública, es el que me parece el más inteligente de todos. Como saben, el PNP hizo un presupuesto trienal. O sea, que desde el comienzo del cuatrienio hicieron un presupuesto para los años fiscales de julio de 2009 a junio de 2010, julio 2010 a junio 2011 y julio 2011 hasta junio 2012. Con esto ya tenían el cuadre para poder aguantar gastos hasta el año electoral, cosa de que de junio de 2012 hasta las elecciones tuvieran billetes para contratos, puestos y cuanto ayudante necesitaran para que en "su tiempo libre" dedicara un ratito a ayudar al partido. Con esto soltaron el billete a correr en el período electoral y para enero, febrero y marzo se vio un despegue ficticio de la economía al aumentar los índices de compras de cemento, gasto en gasolina y consumo energético.

Para que tengan una idea, durante este período, el gobierno, con la emisión de bonos de 725 millones de billetes para las Escuelas Del Siglo XXI y con la emisión de 914 millones para embrear carreteras y otros gastos del Estado compró cemento y gastó por un tubo y siete llaves, haciendo que de forma ficticia y temporera subieran los indicadores económicos y bajara el desempleo. El gobierno neoliberal de Luis Fortuño, que comenzó en 2009 alegando que la empresa privada tenía que ser el motor de la economía y por tanto el gobierno tenía que botar gente para incentivar a la empresa privada, cayó en lo que condenaba cuando en 2012 hizo exactamente lo contrario. ¡Qué guame!

A continuación les explico otro truco más. Y este francamente a mí me enferma. Fue el truco de decir que no aumentó el costo del agua ni de la luz durante el cuatrenio de Luis Fortuño. De hecho, en su impresionante creatividad el PNP logró decirle eso a la gente tantas veces que incluso hoy mucha gente lo repite más que un cura el Avemaría.

En el caso de la AAA Fortuño subió el costo del agua, pero lo hizo de forma tal que usted ni se enteraba en la factura. El truco fue que en el 2009 y en el 2010 se le devolvió a la AAA el subsidio del fondo general que le habían quitado en el 2005. O sea, que lo que antes iba para educación, hospitales y para combatir el maltrato infantil, ahora iba a la AAA, cuyo nivel de despilfarro es un escándalo más grande que las donas que regalaba Jenniffer González.

La AAA, famosa porque desperdicia 64 de cada 100 galones que produce —equivalente a que en Subway echen al zafacón 64 de cada 100 sandwiches que preparan— ahora podría seguir botando agua en vez de ponerse las pilas y arreglar ese escandaloso nivel de pérdidas. De nuestro IVU y las planillas saldría el dinero para que no tuvieran que subir la tarifa y así usted no le cogiera coraje a Fortuño como le cogimos a Aníbal por aumentar el costo.

Así que Fortuño, para pagar el agua, no le sacó a usted lector el dinero de su bolsillo derecho, sino que se lo sacó del izquierdo. Pero, como usted nunca vio el aumento en su factura mensual, pues "santo y bueno".

En el 2011 y 2012 cambió la estrategia. Ya no se sacó el dinero del Fondo General sino que la AAA cogió un préstamo para no aumentar la factura en esos dos años. Claro, como los préstamos hay que pagarlos y con intereses, desde el 2013 la tarifa será más alta. Como el crédito de la AAA se degradó a chatarra, no se puede tomar prestado para hacer de nuevo, lo que hizo Fortuño en su intento de no perder la elección.

En caso de la AEE fueron mucho más creativos que con la AAA En la AEE rompieron el truconómetro, inventándose una fórmula lo más chula para que en septiembre, octubre y noviembre del año electoral bajara el costo de la luz.

Lo que realmente se hizo fue que se pospuso el cobro del ajuste por combustible. O sea, en los meses pre electorales usted lector solo pagó una fracción de lo que realmente costó llevarle energía a su casa, aunque sin usted saberlo. De esa manera Luis Fortuño le dijo al País que bajó el precio de la luz, cuando lo que hizo fue cobrar deficientemente la factura. Claro, que eso que se cobró de menos en septiembre, octubre y noviembre de 2012, ya usted y yo lo pagamos de más en las facturas de los meses siguientes.

Y para terminar de hablar de los "truquillos" del PNP, tenemos la clásica estrategia de llenarle los ojos al "pueblo de memoria rota", como decía don Arcadio Díaz Quiñones. No es casualidad que el Metro

Urbano —una guagua disfrazada de tren que evoca la era de Rosselló— y las Escuelas del Siglo XXI —los contratos de mejoras de siempre disfrazados de APP— se calendarizaran para dar trillas o inaugurar en el año electoral. Eso, junto a la estrategia de radicar los cargos en los casos criminales notorios justo antes de las elecciones (Yexeira Torres, Carmen Paredes, la tasadora Brendalí Sierra y un amago del caso del niño Lorenzo, etc.) y eliminar las contribuciones sobre ingresos al que ganara 20,000 o menos, servirían para dar la impresión de que el gobierno estaba haciendo algo antes de las elecciones.

Pero independientemente del resultado de las elecciones de 2012, la estrategia a largo plazo del PNP era tener las instituciones importantes de su lado, al menos por varios años. Cualquier cosa que fallara, cualquier legislación que tuviera algún problemita, cualquier elección que se trabara, podría llevarse al Tribunal Supremo como último reducto. De perderse las elecciones, como sucedió, quedarían las instituciones que trascienden el cuatrienio y que el PNP ocupa, como el Contralor, Ética, FEI, juntas de corporaciones públicas e instrumentalidades, puestos en agencias de término agrandado como en Vivienda Pública, etc. Todas estas instituciones podrían ser útiles —si es que el PPD no elimina ahora por legislación las que pueda—, para torpedear a García Padilla en Fortaleza y a la vez que evitar cualquier acusación contra penepés desde el FEI.

En cuanto al Tribunal Supremo, que acaben favoreciendo al penepé, eso no lo sabemos. Yo no lo sé y sería irresponsable decir lo contrario. Pero si vamos a la historia, bastante que lo hizo el Tribunal Supremo con el Partido Popular cuando lo controlaban los jueces nombrados por ese partido. El problema actual es que no hay modales a la mesa. No hay interés en guardar la apariencia. La etiqueta ha quedado atrás y hoy se le ve la sangre como al vampiro tras chuparse a la presa. Pero después de todo, antes no era tan diferente, solo que había ciertos modales.

Por eso digo, que hoy por hoy el penepé es, a mi juicio, la nueva mayoría.

IV.
HEMOS SALVADO LA CASA...
LEGALIZANDO LA CORRUPCIÓN

Lo mínimo que se requiere para ser notario o notaria en Puerto Rico es ser abogado o abogada, haber aprobado la reválida notarial, pagar una fianza, juramentar ante el Tribunal Supremo de Puerto Rico, y pasar por el Departamento de Estado para un trámite gubernamental. Nada más.

Ni siquiera hay que saber escribir muy bien, siempre que tengas un buen secretario o secretaria y unos buenos modelos de escrituras de donde hacer *copy/paste*.

Claro, me refiero al *mínimo* que se requiere para ejercer la notaría. Hay, como los he conocido bien, muchos notarios y notarias que son verdaderos y verdaderas artífices jurídicos; verbo y letra en forma humana. Gente brillante que se ganan la vida entre la pluma y el papel, resolviendo entuertos de fincas, actas y testamentos. Para ellos vayan mis respetos.

Pues resulta que la licenciada Luz Eufemia Vela Gutiérrez es una de esas criaturas privilegiadas con el don de la palabra escrita. Un verdadero don, dije. Al menos lo es desde el año 2005; año en que casualmente su esposo, un hombre llamado Luis G. Fortuño Burset, se convirtió en Comisionado Residente de Puerto Rico en Washington y luego en Gobernador.

Según los informes de actividad notarial de la Lcda. Vela que han salido a la luz pública, ella notarizó 92 cancelaciones hipotecarias en 2004 y 590 en 2005. Eso es un aumento de 641%. Los cuatro años siguientes hizo 984, 781, 681, y 997. De 92 a 997 es un aumento de 1,084%.

Para que usted tenga una idea, una hipoteca es una deuda en la que quien tomó prestado autorizó que el que prestó los chavos se quedara con su casa si no se pagaba el préstamo a tiempo. Cuando la deuda se salda, o se refinancia, hay que llamar a un notario o notaria para que lo certifique y deje sin efecto la autorización para que se queden con la casa del que tomó prestado.

Por lo general, una escritura de cancelación de hipoteca es un documento de unas pocas páginas y, entre otras cosas, el notario o notaria anula el pagaré original y lo une a la escritura de cancelación. En casi todas las ocasiones se trata del mismo documento *(template)* y lo que cambia es el nombre de las partes y la información sobre la propiedad y la deuda. *Copy/paste,* señoras y señores, *copy/paste*. En otras palabras, esto es un trabajo con importantes implicaciones, pero es un "bombito al *pitcher*" hacerlo. No es física cuántica ni descubrir la cura del cáncer. De hecho, es una de las tareas más fáciles que tiene un notario.

Y lo mejor de todo, ¿saben qué es? Que el grueso de las cancelaciones las mandan a hacer los bancos.

O sea, que si eres notario o notaria y un banco te contrata, ¡Bingo! Te llevaste un contrato en el que, por disposición de la ley notarial te pagan por cada escritura que hagas nada más y nada menos que entre el .5% y el 1% del valor de la propiedad. Si pensamos que las escrituras de Lucé fueron sobre propiedades que en promedio estaban en los $100,000 y que solo se ganó el .5%, eso significa que solo firmando esas cancelaciones se ganó $498,500 durante el año 2009. Si le hubiesen pagado el 1%, se hubiese ganado $997,000 solo durante el año 2009 y solo por las escrituras de cancelación. Y eso que el cómputo es a base de propiedades a $100,000. ¡Imagínense si le hubiese caído una propiedad que valga millones!

Y usted dirá, bueno, pues si ella se ganó el contrato que lo trabaje.

Pero, ¿cuándo usted ha visto en el periódico un clasificado de un banco anunciando vacantes de notario? Nunca. Y nunca los verá porque esos contratos se los dan a los panas, o a los panas de los panas. Si usted ve alguna vez un clasificado solicitando notarios, no es de un banco, es de un pana de un banco pidiendo quien le haga el *dirty work*. Aunque con la crisis económica ya los bancos no tienen tanto dinero para repartir y eso está comenzando a cambiar.

El problema es ¿cómo y bajo qué consideraciones consiguió el contrato el pana? ¿O el pana del pana? ¿Quién se lo consiguió? ¿Esperaba algo a cambio el que le dio el contrato? ¿Esperaba algo a cambio de *su esposo o esposa* el que le dio el contrato?

Pongámoslo de esta manera; si usted tuviera un trabajito disponible y tuviese la oportunidad de darle empleo a la hija de Chencho el Caricorta'o o a la esposa de E-L-G-O-B-E-R-N-A-D-O-R, sí, ese mismo que con una llamada telefónica podría hacer que le arreglen el poste de luz frente a su casa en cuestión de segundos, ¿a quién le daría el trabajito?

Lo que hizo Lucé no es ilegal. Pero se ve bieeeeeen feo. Cabe preguntarnos, ahora que Fortuño perdió las elecciones, ¿cuántas escrituras tendrá Lucé? El truco de la otrora primera dama no fue tan bueno sino hasta octubre de 2008. Antes estaba bien, pero de ahí en adelante fue que entró en el "gozo". Para entonces, los bancos Popular y First Bank la pusieron en la lista de "proveedores" bajo unas letras que hieren la retina. Se le identificó por sus iniciales, LVG, para evitar conflictos. Entrar a esa privilegiada lista es como pegarse en la

Loto, solo gente con mucha suerte lo logra. Ahora tendría que trabajar menos, pero hacía más, mucho más. Las planillas del matrimonio Fortuño-Vela fueron publicadas. Nuevamente, esto que ocurrió no es ilegal. Es total, absoluta y completamente válido dentro de nuestro sistema. Vayan y vean por un momento la portada del libro. Ya saben porqué el subtítulo.

Hablemos ahora de Heidi Wys.

Heidi Anne Wys Toro... ¿por qué será que la mayoría de la gente que conozco que tienen apellidos anglosajones, germanos o nórdicos combinados con apellidos latinos, salen estadistas? (#UnSaluditoaKennethyTommy).

Bueno, como decía, Heidi Anne Wys Toro tuvo durante el cuatrienio pasado un contrato vigente con la Cámara de Representantes de Puerto Rico, bajo el número 2013-000025, para ofrecer "Servicios de Consultoría Administrativa" —*whatever that is*—, por una cuantía máxima de $78,000. Y si usted se alarmó por tal cantidad, sepa que dicha cantidad no es anual, sino por seis meses.

Heidi Wys no es la hija de Chencho el Caricorta'o.

Según figuró en su propio perfil de Twitter @Heidiwys, "*she is called Speaker Maker, Political Strategist*", que podríamos traducir como "hacedora de presidentas de la Cámara y estratega política". También es la pareja consensual de Zaida Cucusa Hernández, ex presidenta de la Cámara de Representantes.

Pues Heidi Wys se hizo famosa también el cuatrienio pasado por decir públicamente que el presidente Barack Obama debía largarse para Kenya con su esposa Michelle. Específicamente dijo, en respuesta a un mensaje que el propio Obama tuiteó sobre el cumpleaños de la primera dama: *"Who cares? Take her to Burger King, buy her a sundae with double banana, take her to your homeland, Kenya!"*.

El comentario de Heidi Wys, a mi juicio, fue racista y clasista. Racista por razones obvias y clasista porque añade al asunto del helado con guineo, que lo compre en Burger King, un *fast food* donde quienes único llevarían a su esposa a celebrar su cumpleaños son los pobres, porque no tienen dinero para ir a un lugar más caro.

A pesar de la presión pública que suscitó el comentario y que por cosas más livianas se ha destituido a mucha gente en los Estados Unidos, la entonces presidenta de la Cámara no destituyó a su asesora.

Aprovechando la coyuntura del tuit de Wys, le pregunté en directo por WKAQ a la hoy portavoz de la minoría PNP en la Cámara, Jenniffer González, sobre por qué los asesores cuestan tanto y si en realidad los que están son verdaderos asesores o son politiqueros.

—¿Cuál es el *expertise*, por ejemplo, de Heidi Wys, más allá de estar allí politiqueando? Explique en blanco y negro algo productivo que ha hecho. ¿Es doctora, CPA, abogada? —pregunté a la entonces presidenta de la Cámara de Representantes.

—Bueno, es una persona que tiene un conocimiento en el área de administración. Por muchos años ha trabajado en esa área. Conoce al dedillo el funcionamiento legislativo.

—¿Qué preparación tiene, por ejemplo? ¿Tiene maestría, doctorado?

—Tiene créditos conducentes a derecho, me parece que tiene maestría también y evidentemente la experiencia que ha tenido por muchas décadas trabajando eficientemente en el trámite legislativo.

—¿Pero no debería usted saber la experiencia de alguien como esta, a quien le paga un montón de dinero? Es que yo sueño con cobrar algo así presidenta.

—Bueno cuando tú tengas la experiencia.

—¡Hay un montón de abogados por ahí que tienen la experiencia y no cobran la mitad de eso!

—Pero cuando tú tengas la experiencia tú vas a ser un recurso que uno podría considerar para contratar en ese momento dado y esa experiencia lamentablemente tú no la compras en una farmacia.

Más adelante le pregunté a la presidenta, "¿Pero usted sabe qué título tiene Heidi Wys?".

—¿Me vas a dejar terminar?

—Si me contesta eso sí.

—Te dije hace unos minutos que tenía créditos conducentes en derecho, tiene maestría y tiene un bachillerato.

—¿En qué tiene maestría?

—No sé. ¿Quieres que te busque el expediente de personal? —espetó la presidenta.

—No estaría mal —respondí. Y ahí lo dejé porque me pareció que la presidenta se estaba molestando y ya el punto estaba claro.

Mi opinión es que después del comentario racista y clasista, Jennifer González no despidió a Heidi Wys por la misma razón que la reclutó desde un principio. El valor de Heidi Wys es estrictamente político y nada o muy poco tiene que ver con las tareas legislativas. Si ella tuviera algún valor para la Cámara de Representantes —que no sea que ayudó a subir allí a Jennifer González—, para nada se justifica que a esa señora se le pagaran, con fondos públicos, sobre $150,000 al año.

Lo que pasa es que ese es el precio de un estratega político, de un pasquinero elite, de un achichincle a sueldo. Y, como el partido no le puede pagar tales cantidades, pues que lo pague el gobierno, o sea, el pueblo una vez se llegue al poder.

Lo anterior, a mi juicio, es uno de los tumores cancerosos más grandes que tiene el gobierno en Puerto

Rico. La mayoría de nuestros políticos suben al poder rodeados de gente que quiere *acceso* a ese poder. Para nada o muy poco les interesa el bienestar colectivo. Les interesa su bienestar. Les interesa el dinero y las influencias. Y como para hacerlo se tienen que identificar con un partido, cobran cantidades exorbitantes de dinero para cubrir no sólo el tiempo que supuestamente trabajan para un fin público, sino también para cubrir el tiempo que antes estuvieron politiqueando para subir a su candidato y para cubrir el tiempo que, con toda seguridad, estarán sin empleo cuando su partido vuelva a perder las elecciones en cuatro u ocho años.

Esta teoría explicaría por qué una "administradora" como Heidi Wys puede cobrar $600,000 en un cuatrienio. En realidad los $600,000 están pagando 10 años de servicio y no cuatro; $60,000 por cada uno de los dos años que estuvo politiqueando sin cobrar para subir al poder a su jefa; $60,000 por cada uno de los cuatro años trabajando como "administradora" en la Cámara; y $60,000 por cada uno de los cuatro años siguientes en los que, si no llegan al poder nuevamente, con toda seguridad no conseguirá trabajo; claro, salvo que un alcalde penepé o un legislador de minoría le consiga un contrato. De otra manera no hay forma de pensar que una "administradora" pueda ganar $150,000 al año.

Esto pasa en los dos partidos y seguirá pasando. Yo tengo propuestas específicas para evitar esto, pero eso dentro de unos capítulos. En el cuatrienio pasado cobraron los penepés en el poder mientras los populares en minoría vivieron de sus ahorros. Ahora que Alejandro ganó, los populares comienzan a cosechar y los penepés a romper el cochinito.

Y así seguirán invirtiéndose los papeles mientras se turnen en el poder los partidos. Si no, pregúntenle a la hermana de Aníbal Acevedo Vilá. En la página del contralor, los cientos de miles en contratos de esta dama corresponden a los años de gobierno del Partido Popular. Luego de Fortuño llegar al poder, no había ninguno, claro, salvo contratos con municipios populares. Ahora que el PPD regresó al poder me aventuro a pronosticar que sus contratos con el gobierno aumentarán, si es que no han aumentado ya.

¿Y el pueblo? Bien, gracias.

Y así, podríamos mencionar otras tantas personas que más que un trabajo lo que realmente tienen es un negocio en la función gubernamental. No se trata de servir al País y tener un sueldo digno. Se trata, en el mejor de los casos, de servir al País y enriquecerse en el proceso.

Ahí tienen por ejemplo las Cucusas y los Félix Plaud de la vida.

Durante el cuatrienio 2008-2012, la ex presidenta cameral Zaida Hernández Torres tuvo contratos con la Cámara de Representantes y la Oficina del Panel Sobre el Fiscal Especial Independiente a tiempo parcial —o sea, que para ganarse el dinero no tiene que trabajar 40 horas semanales como usted o como yo— y que sumaban $428,800. A la misma vez, conducía un programa de opinión política en la emisora NotiUno 630 AM y, según se alega, gobernaba la Cámara de Representantes con su compañera Heidi Wys.

Aunque los ubico a ambos como parte de un mismo análisis, no puedo comparar a Cucusa con Félix Plaud sin sentirme mal. Cucusa es probablemente una de las personas más inteligentes del país, aunque su estilo me parezca aberrante. Yo me identifico con ella, y no por ambos tener problemas de peso, sino que comprendo perfectamente lo que le han hecho gente de su partido y fuera de su partido. Cucusa pudo haber sido gobernadora de Puerto Rico, pero la política en la Isla es bien dura con las mujeres. Cucusa tuvo que asumir posturas que estoy seguro no la hacen sentir orgullosa, pero no tenía alternativa en el mundo machista y patriarcal nuestro. Dentro de su propio partido se burlaban de ella, de su orientación sexual y de su aspecto físico. Recordar la frase de que Cucusa era una mujer de "pelo en pecho" de un miembro de su partido contra ella es un mero ejemplo. Antes, cuando Rosselló intentó darle mayor relevancia a su capacidad se tuvo que enfrentar a un Carlos Romero Barceló dispuesto a lo que fuera contra ella. Fueron sus propios amigos de la Palma quienes en el 1996 por lo bajo tiraron el slogan: "No metas la pata en San Juan".[9]

En fin, yo siempre he entendido que ella la ha tenido muy difícil y comprendo que usara estilos para llegar al poder que típicamente no deben ser a los que aspiremos para llegar a posiciones. Por tanto, entiendo que ella usara esta forma para darse a conocer y luego intentar trascender y demostrar su calidad humana. Igual comprendo que otras personas, como Thomas Rivera Schatz, usaran esos estilos para llegar al poder, pero una vez se llega, es imprescindible trascender y demostrar que uno es más que lo que aparentó, pero la forma en que se estructura la política local hace necesario asumir ese tipo de rol. Lo que nunca voy a entender es por qué Cucusa, tras salir de la política y haber sido jueza y tener una vida cómoda asegurada sigue ejerciendo ese rol cuando bien pudiera ser una figura conciliatoria y trascender líneas partidistas. Bien Cucusa pudiera representar lo que antes hizo Luis A. Ferré tras retirarse de candidaturas. Pero bueno, ella sabrá. Solo hago el paréntesis porque me parece injusto compararla con el energúmeno que ahora describo.

---

9   Cucusa – *El Vocero* (http://bit.ly/19QdqQf)

Félix Plaud vio germinar sus proselitismos a favor del penepé cuando Fortuño logró la gobernación en el cuatrenio pasado. Strong Communications & Advertising Corp., creada en el Departamento de Estado el 16 de abril de 2010 bajo el número de registro 196221, y Strong Institute of Educations, Inc. creada el 10 de junio de 2010 bajo el número de registro 60695, lograron obtener, según información publicada por la compañía de noticias *NotiCel*, mucho más de $4,000,000 en contratos —leyó bien, cuatro millones—, particularmente con el departamento de Educación.

El nombre de Plaud figura como principal ejecutivo en los registros de ambas corporaciones en el Departamento de Estado.

En el caso de Cucusa, vamos, hay que reconocer que la dama tiene muchos años en la política, es abogada, fue jueza, presidenta cameral, candidata a alcaldesa de San Juan, y vice presidenta del PNP. Aunque eso no justifica la purruchá de chavos que se ha llevado, sí justifica buena parte del dinero. Pero, ¿qué ha hecho Félix Plaud? ¿Qué preparación tiene este caballero, particularmente en las lides educativas?

Félix Plaud simple y llanamente politiquea, pasquina y sabrá Dios que más cosas hace por su colectividad o por el billete. Tiene habilidad para estar en el lugar correcto en el momento correcto y solo Roberto Arango puede explicar en detalle su asesoría, pues fue su allegado por mucho tiempo. Lo último que sabemos recientemente de este joven, es que, según una nota de prensa del diario Metro, incorporó la empresa "Triángulo Rojo" para poder seguir guisando con los fondos federales en educación luego de la derrota del PNP y el advenimiento de Alejandro García Padilla al Poder. Triángulo Rojo. ¡Qué descaro! Esto es como la mutación de los virus. ¡Cuando crees que los has eliminado reaparecen!

Tomemos ahora a Edwin Mundo, un Félix Plaud de la vida pero más entradito en años y ciertamente más listo.

Este caballero fue representante a la Cámara por el Precinto 2 de San Juan y todo parece indicar que se dio cuenta a tiempo que más valioso que ser legislador, es llevar el "ex" delante del título. Pues este ex legislador amasó, durante el cuatrienio 2008-2012, $1,048,441 en contratos a través de la compañía de su esposa Betsy Rivera, Estrategia Communications, Inc. También él tiene una compañía, KEM Consulting Group, que en el mismo cuatrienio consiguió contratos de "Consultoría Administrativa" para un total acumulado de $3,177,125 con la Administración de Vivienda Pública, el Cuerpo de Bomberos de Puerto Rico, la Oficina de Administración de las Procuradorías, la Cámara de Representantes de Puerto Rico, el Departamento de Transportación y Obras Públicas, el Ombudsman —ese mismo, el que se supone que

vele por el pueblo—, la Autoridad de Acueductos y
Alcantarillados, la Corporación de Puerto Rico para la
Difusión Pública, el Banco de Desarrollo Económico,
la Autoridad de Carreteras y Transportación de Puerto
Rico, la Compañía de Turismo, la Autoridad para el
Financiamiento de la Vivienda, y los municipios de
Camuy, Toa Baja, Vega Alta y Yabucoa.

Y es que ser Comisionado Electoral es un buen
guiso. Te pagan por serlo y a la vez puedes tener otros
contratitos por ahí. Si no, pregúntenle a Eder Ortiz,
contraparte de Mundo en el PPD, que ahora tiene un
contrato *part time* con el bufete Fiddler, González y
Rodríguez tras la victoria de la pava. O pregúntenle
a Sila Mari González Calderón, quien al salir de la
legislatura, aceptó un contrato en el bufete McConnell
& Valdés. ¿Qué hacen Eder y Sila Mari en esos bufetes?
Habrá que preguntarles, pero no creo que estén llevando
casos de divorcio pro bono.

En este punto quiero añadir algo sobre este cáncer
maligno que, por lo visto, se ha regado bastante.

Dije antes, al tratar de buscarle una explicación
lógica —más bien cínica— a los honorarios excesivos
de la Sra. Heidi Wys, que cuando se computaban los
honorarios de estos pasquineros elite, se les compensaba
también por el tiempo dedicado a la política y por el
tiempo que estarían sin sueldo de perder las elecciones
y hasta que ganaran nuevamente. Pues creo que en el

caso de personas como Edwin Mundo y Eder Ortiz es un poco más complejo.

Las personas como Edwin Mundo y Eder Ortiz, cada uno Comisionado Electoral de sus respectivos partidos a la fecha de impresión de este libro, sirven, como es natural, de intermediarios entre las altas esferas del poder y las esferas más bajas. Es decir, estas personas no sólo han servido bien a los intereses del partido sino que ocupan posiciones administrativas altas dentro de la colectividad que le permiten acceso rápido a los altos líderes.

No es extraño pensar entonces que las agencias, corporaciones públicas, municipios y empresas privadas —principalmente aquellas dedicadas al cabildeo como los grandes bufetes del País— estén tentados a contratar los "servicios de consultoría administrativa" de estas personas para que los canales de comunicación entre ellos, La Fortaleza y El Capitolio sean más efectivos. No es lo mismo necesitar una enmienda legislativa o una asignación presupuestaria y seguir los canales tradicionales de enviar una carta, pedir cita, etc.; que lograr una reunión "de hoy pa' hoy" a través de una simple llamada telefónica. Con toda seguridad, Edwin Mundo tiene el número personal de Tommy Rivera Schatz en la memoria de su celular. Tampoco dudo que Eder tenga el de Eduardo Bhatia. No creo que la hija de Chencho el Caricorta'o los tenga.

Pero esto no se queda ahí. Pienso que estas figuras, además de servir para crear vínculos de comunicación entre los alcaldes y jefes de agencia con las altas esferas cuando sus partidos están en el poder, sirven para crear una "red de supervisión indirecta" en la que las altas esferas puedan enterarse de primera mano de lo que está sucediendo allá abajo en las agencias y también, por qué no, para asegurarse de que todo se hace conforme a los intereses del Partido. Este arreglo puede ser muy positivo pero también puede caer fácilmente en ser muy ilegal.

Claro, todo lo que aquí analizo es eso mismo, un análisis. Hay muchos rumores, y rumores son, pero no hay que ser muy inteligente para imaginárselo.

Basta solo recordar todos los contratos que también tuvo con la empresa privada Ángel Cintrón, de quien hablo ya mismo, además de sus contratos con el propio gobierno. Mire, claro que es natural que usted use los conocimientos y contactos que ha obtenido para hacer dinero. Ahora, no me vengan con el cuento de que se les paga un billete por sus contratos porque "hay que escoger el mejor talento posible". Ese "sacrificio" del cual algunas personas hablan cuando aceptan puestos públicos es *dar del ala para comer de la pechuga*, en este caso, pechuga de avestruz grande y jugosa. Tal práctica simula mucho lo que conocemos en la empresa privada como el *insider trading*, pero en el caso del gobierno nada de esto es ilegal. Todo esto es legal, pulcro, sacrosanto, prístino como golondrinita que vuela a su nidito de amor. ¡Ampáranos divina pastora!

Me queda solo una inquietud. ¿Cómo rayos esta gente, por ejemplo Edwin Mundo, hacen para ganarse millones de dólares en contratos de "Consultoría Administrativa"?

La consultoría administrativa no es como hacer bizcochos, que te inventas la receta y contratas a otras personas para que la cocinen. En el contrato de consultoría administrativa hay que estar allí. Hay que usar el cerebro. Hay que aplicar la experiencia y la pericia que solo tiene el que firma el contrato. Pienso que en algún momento estos señores tendrán que sentarse a "hacer de consultor". Está bien que tenga asistentes pero, mano, ¿cómo se puede supervisar contratos de sobre tres millones de dólares en "consultoría"?

Se me ocurren tres explicaciones posibles: (1) que en realidad la corporación cobra por subcontratar a otros consultores que realmente hacen el trabajo; (2) que todo el trabajo sí lo hace directamente la persona pero lo está sobrefacturando bien brutal —¡ustedes se imaginan las horas que realmente habría que trabajar para ganarse $3,000,000!—; o (3) que se están desviando fondos para otros intereses como, por ejemplo, el Partido o terceras personas.

Si se trata de la primera explicación posible, pienso que el Gobierno debería contratar directamente a esos otros consultores para abaratar los costos. ¿Por qué pagarle a un Edwin Mundo de la vida por ser un intermediario entre el gobierno y quienes realmente hacen el trabajo? Si se trata de cualquiera de las dos últimas explicaciones, estamos hablando de corrupción y debería investigarse y procesarse inmediatamente a todos los involucrados. Al fin y al cabo, ¿utilizar una estrategia similar a la tercera explicación no fue lo que le imputó el FEI a Jorge de Castro Font en su caso criminal?

Y si los ejemplos anteriores no les bastan, tomen al señor Ángel Cintrón, quien fue director de campaña de Luis Fortuño en las pasadas elecciones y que es mejor conocido por muchos como "Kid Cajita" por su incipiente aparición hace muchísimo tiempo en un programa televisivo de Luis Francisco Ojeda. En aquel entonces, Ángel Cintrón era un joven estadista como lo es ahora Félix Plaud. Allí, para defender su ideal, se llevó una cajita con varios documentos y recortes de periódico. Desde entonces se ganó el apodo Kid Cajita cuando no pudo encontrar un documento que aseguró tenía en su cajita —que de hecho, al día de hoy seguimos esperando—, así como muchos de nosotros nos ganamos o nos espetan apodos en nuestra infancia que luego queremos borrar en la adultez.

Según una nota de prensa de 12 de diciembre de 2010, escrita por los periodistas Mildred Rivera Marrero e Israel Rodríguez Sánchez del periódico *El Nuevo Día*, Ángel Cintrón era a esa fecha asesor del juez presidente del Tribunal Supremo Federico Hernández Denton; la Administración Central de la Universidad de Puerto Rico; la Corporación del Fondo del Seguro del Estado; la Comisión de Desarrollo Cooperativo de Puerto Rico; la Corporación para la Supervisión de Seguros Corporativos, la Autoridad de Acueductos y Alcantarillados, la Oficina de Recursos Humanos del ELA y los Municipios de Guaynabo y Toa Baja. La misma nota cita a varios abogados que indican que la larga lista de contratos se debe al acceso privilegiado al Gobierno que ha tenido Ángel Cintrón. Incluso se dice en la nota que esta influencia le ha ganado a Cintrón contratos en empresas y corporaciones privadas que intentan ganar acceso al gobierno como, por ejemplo, el Sistema Universitario Ana G. Méndez.

El Sistema Universitario Ana G. Méndez es donde recientemente se inauguró la biblioteca museo Gobernador Pedro Rosselló y la misma institución que le otorgó la Medalla Presidencial al entonces Presidente del Senado, Thomas Rivera Schatz. A este Sistema pertenece también la Universidad Metropolitana, vecina de la Universidad de Puerto Rico en Río Piedras y a quien no le amargaría para nada utilizar sus espacios, como el del nuevo edificio de ciencias moleculares, que tanta controversia ha levantado. Pero eso sería material para otro libro.

Volviendo al tema de los contratos y las influencias, debo decir una vez más, como siempre he dicho en mis programas y columnas, que lo que hacen personas como Ángel Cintrón no es, de su faz, ilegal. Pero, igualito que lo que hace Lucé con la notaría, se ve bieeeeeen feo.

Parece que Ángel Cintrón piensa igual que yo porque, según una nota de 31 de agosto de 2011 publicada por la periodista Carmen Enid Acevedo de *PesquisaBoricua.com*, él renunció a sus contratos con el gobierno para evitar problemas. Claro, esos contratos pasaron, según la nota periodística, a una nueva entidad corporativa que presidía su socia Zoé Laboy: Servicios Legales del Caribe, P.S.C. Esta corporación está en la misma oficina en que hacía negocios Cintrón.

Y todos los populares que ahora me están leyendo, seguramente están pensando, "¡Dile más Jay!", "¡Eso es!", "¡Fuete con los corruptos penepés!". Lamento decepcionarlos pero ustedes son iguales.

La única razón por la que este capítulo habla tanto de penepés y tan poco de populares es porque los penepés estuvieron en el poder hasta hace muy poco y, por lo tanto son los que han tenido más "torta pa' repartir". No podemos olvidar que cuando los populares estaban en el poder, hacían lo mismo, y debemos esperar que ahora que ganaron las elecciones lo vuelvan a hacer.

Para que tengan una idea, es curioso que la misma nota periodística de *El Nuevo Día* que cité sobre los contratos de Ángel Cintrón, menciona que en el 2002 pasó algo similar, esa vez con los populares. En aquel entonces, la gobernadora Sila María Calderón tuvo que firmar una orden ejecutiva para ordenar a sus jefes de agencia que rechazaran gestiones de los miembros de su equipo de campaña para "obtener la concesión indebida de ventajas, privilegios o favores para beneficio propio o de terceros". Según la nota de prensa, Calderón emitió su orden luego de que trascendió que su ex director de campaña hizo una "visita de cortesía" al entonces secretario de Educación, César Rey, con el acusado empresario Jesús Emilio Rivera Class, vinculado a varios esquemas de corrupción en el Departamento de Educación.

Siempre habrá un popular que diga que eso fue cosa del pasado y que Sila Calderón lo atajó desde un principio. Hay sólo un problema, ese ex director de campaña al que hace referencia la nota del periódico es EL MISMO director de campaña que llevó a Alejandro García Padilla a ganar las elecciones de 2012, Irving Faccio.

Además de director de campaña de la ex gobernadora y ahora de García Padilla, Irving Faccio fue asesor del también ex gobernador Aníbal Acevedo Vilá. A Aníbal Acevedo Vila y su caso federal por corrupción no le voy a dedicar ni un minuto más por dos razones: (1) porque todos conocen muy bien el caso y (2) porque en el plano personal, me da asco.

Volviendo a Irving Faccio, se sabe también que es abogado y que es socio del comentarista y analista político Luis Pabón Roca. El bufete de ambos, Faccio & Pabón Roca Law Office ha tenido contratos de cientos de miles de dólares con el gobierno.

Según la página del contralor, desde enero de 2013, esto es, desde que volvieron a ganar los populares la gobernación hace escasamente cuatro meses, esta compañía ha contratado con la Administración de Seguros de Salud de Puerto Rico, el Municipio de Carolina, el Municipio de Coamo, el Municipio de Isabela y el Municipio de Juncos. ¡Vamos a ver cuántos contratos caen de aquí a noviembre de 2016! Para ser justos, estos contratos venían desde antes de ganar ahora el PPD, pero los pongo en el récord para que quede claro.

Me pregunto, si Faccio fuera tan bueno para el interés público, y dije interés público no interés partidista, ¿por qué el PNP no lo contrata? Si Ángel Cintrón, Mundo, Wys, Cucusa o Plaud son tan buenos para el País, digo, como "administradores" y "consultores", ¿por qué no retenerlos bajo las administraciones populares? ¿Por qué no fue sino hasta el 2009, año en que Luis Fortuño se convirtió en gobernador, que el juez presidente Federico Hernández Denton se dio cuenta de lo "necesario" que es Ángel Cintrón para la rama judicial? ¿Por qué la administración de los tribunales no se dio cuenta de eso antes, digamos, cuando Sila estaba en el poder? ¿Le retendrán el contrato a Cintrón ahora que el PNP ya no está en el poder?

Desde la Asamblea del PNP en noviembre de 2009, Luis Fortuño reclamó siempre "haber salvado la casa". Pero, ¿la casa de quién? ¿La de Cucusa? ¿La de Cintrón? ¿La de Mundo? ¿Qué casas viene ahora a salvar Alejandro?

Vuelvo a lo mismo. Lo que hacen no es necesariamente ilegal, pero, ¿es necesario? Muchas veces se habla de que los altos sueldos son para atraer personas de experiencia que en la empresa privada ganarían mucho más. Pero, ¿cuándo fue la última vez que Cucusa, Cintrón, Mundo, Eder, Faccio o Sila Mari trabajaron *full time* para la empresa privada haciendo algo que no estuviera directa o indirectamente relacionado con el gobierno o la política?

Lo sé. Este cuadro es muy desolador y no deja espacio para la esperanza, más cuando vemos que los populares y penepés andan por el mismo camino. Sabiendo ahora quién es el director de campaña del PPD, sus reuniones de "cortesía" y la lista de contratos que tuvo, que tiene y que seguramente esperará tener en el futuro, ¿no es más que evidente que los populares harán lo mismo que los penepés ahora que están en el poder?

¿Cuántas Heidi Wys, cuántos Félix Plaud, cuántos Edwin Mundo, habrán pasquinando para el PPD y para que Alejandro ganara las elecciones? ¿Cuántos habrán contado votos, vendido rifas, esperando guisar el día que los populares regresaran a la Fortaleza? ¿Cuántos estarán ahora mismo mientras usted lee estas letras, visitando sus políticos de preferencia para cosechar lo sembrado?

La lista es demasiado larga y le pido que tenga a bien buscar por usted los nombres que voy a listar más adelante y muchos otros que por falta de espacio no pongo aquí. Busque en internet y los encontrará, no tenga duda de eso. Haga el *search* o como dice esa prócer boricua de tan alta fama, Maripily, guguléalo.

Por ser demasiado grotesco el asunto, voy a poner algunos nombres nada más aquí con algunos datos. Los demás usted debe buscarlos pues la idea de este libro es que usted no solo se entere de lo aquí expuesto, sino que aprenda a buscar por usted mismo en las fuentes de información y no se deje llevar por ningún intermediario, incluyéndome.

Pedro Ray Chacón Lugo, íntimo de Fortuño desde que estudiaron en el Colegio Marista de Guaynabo, logró pegarse en la Loto de los contratos. Su empresa,

Ray Engineers, PSC, estaba en malas condiciones, pero llegó el salvador. Su amigo Luis ganó las elecciones y el ingeniero logró contratos por 9.6 millones en el famoso gasoducto. Lo impresionante fue que luego subcontrató a otra firma de Texas, Gulf Insterstate, para "cooperar" en el diseño de la obra. O sea, que se le contrató para hacer algo que luego él usó el dinero para que otra persona lo hiciera a menos precio de lo que él había contratado.

Y usted dirá, "cará, esto siempre pasa así", y tiene razón, no hay nada ilegal en esto. De hecho, casi todos los contratos de ingeniería tienen este tipo de subcontratación. La particularidad del gasoducto, para cuyo diseño fue que se contrató a Chacón Lugo, es que no tuvo que ir a ninguna subasta pues se había declarado en el país "una emergencia energética" y como había una emergencia no había que hacer ninguna subasta para que quien mejor oferta le diera a Puerto Rico fuera quien se llevara los contratos.[10]

Claro que todo el mundo sabe que las subastas en la Isla tienen más trucos que el cinturón de Batman, pero al menos bajo estos procesos hay algún velo de pulcritud y puede haber revisión judicial en caso de que haya negocio turbio. Sobre la declaración de "emergencia energética", hemos sabido años después que no logró

---

10 Orden Ejecutiva (Boletín Administrativo Núm. OE-2010-034) de 19 de julio de 2010 extendido a todo el cuatrienio y no solo seis meses como se dijo originalmente por la Ley Núm. 32 de 14 de marzo de 2011.

mucho para el país. En marzo de 2013 pagamos la tarifa más alta en la historia de la Isla. 31 centavos el kilovatio hora. (Ese asunto de la AEE ya lo expliqué en un capítulo anterior).

Alberto Velázquez Piñol pasará a la historia como el hombre más brillante jamás en la Isla con tan solo cuarto año de escuela superior.

No hay nada de malo en ser exitoso y no tener estudios universitarios. La lista de personas millonarias y hasta billonarias sin bachillerato es larga. Ahora, ¿acaso no había alguien del patio que pudiera encargarse de algo que solo requería conocimientos en contabilidad? Velázquez Piñol recibía un sueldo anual de $150,000 como jefe de la Oficina del Banco Gubernamental de Fomento en Nueva York. Como residente de ese estado, viajaba semanalmente a Puerto Rico para encargarse del "*task force* del Departamento de Educación" y de regreso a Nueva York para estar con su familia allá. Luego tuvo destacadísimas participaciones en otros puestos del gobierno. Obvio, que usted pagaba por este gran administrador de quien no merecemos mirarle a los ojos pues su sapiencia merece nuestra reverencia. El pueblo de Puerto Rico pagaba todos esos gastos de viajes y transportación. Además, para garantizar que si se enfermaba el pobre hombre tuviera plan médico tanto en la Isla como en la metrópoli, le pagamos dos planes médicos distintos, uno aquí y otro en Estados

Unidos. Pobre hombre, no vaya a coger un catarro.[11] De más está decir que también era amigo de la infancia del gobernador Fortuño.

De todos los casos, para mí el más indignante es el del Pastor Aníbal Heredia.

Me consta personalmente que un pastor de la Iglesia Adventista del Séptimo Día cobra $1,600 mensuales y se le da uno que otro estipendio para gastos de alojamiento y transportación pues muchos trabajan lejos de su hogar. El Pastor Heredia fue por mucho tiempo ministro de la Iglesia Adventista en Puerto Rico. Los detalles de su salida de la iglesia son muy conocidos y comentados dentro del seno de la feligresía, pero por cariño a su familia, incluyendo a su hijo, y a la Iglesia Adventista no los voy a detallar, pues es un asunto interno de esa iglesia.

Si bien respeto los asuntos internos de la iglesia, cuando se trata de fondos públicos "son otros 20 pesos". Bueno, en el caso de Heredia debemos decir que "son otros 120 mil pesos". Ese fue el dinero que recibió el otrora director de la Oficina de Base de Fe y Ayuda Comunitaria, por ejercer sus funciones. Pero eso no le bastó, pues al salir se agenció contratos con el Departamento de la Familia y el Departamento de la Vivienda para "ayudar a organizar comunidades" por $15,000 al mes. El sueldo de Heredia era por dar

---

11 Fortuño defiende a Velázquez Piñol - *El Nuevo Día* (http://bit.ly/1bDPG5q)

asesoría que según el contrato consistía en "fomentar la autoestima" en los residenciales públicos.[12]

Solo espero que el pastor haya devuelto el diezmo y las ofrendas como manda la Iglesia Adventista del Séptimo Día conforme las enseñanzas de la Biblia y describe muy bien en detalle la hermana Elena G. White. Ah, se me olvidaba, decir que además de las tareas anteriores, Heredia tuvo un rol protagónico en las campañas electorales de Fortuño a la Comisaría Residente en 2004, a la Gobernación en 2008 y a la reelección en 2012. Por eso, creo que no le cobró un centavo al PNP.

El próximo es Carlos Chardón. Este ex Secretario de Educación bajo la gobernación del penepé Carlos Romero Barceló y también bajo Fortuño es probablemente una de las personas más buena gente que usted pueda conocer. Pero no por eso merece que le paguemos 10,000 dólares mensuales como asesor de una "Junta Educativa" luego de que lo sacaron de su puesto en el Departamento de Educación. Dicho sea de paso, la Junta que él debía asesorar nunca se hizo realidad, aunque lo que sí fue real fue su cheque, que le pagaron con fondos del Departamento de Estado.

Para entonces, se veía mucho a Chardón por el Viejo San Juan con su habitual camisa blanca. A propósito, le pregunté una vez al Secretario de Estado qué

12 Otro contrato para el pastor Aníbal Heredia - *El Nuevo Día* (http://bit.ly/GTm0XU)

hacía Chardón por Puerto Rico para ganarse 10 mil mensuales y me dijo que había hecho mucho. Le pedí que me dijera algo en específico y me dijo que muchas cosas. Luego de un debate, me dijo que había ideado el sellito para tu carro en el Auto Expreso. Bueno, ahí lo dejo.

De los nombres que verán más adelante no voy a describir en detalle su participación en el Banquete Total, pues si lo hiciera, el libro sería de 1,000 páginas y eso no lo lee ni el estudiante de la UPR que se echó al cuerpo la Ilíada en primer año. La información es pública y solo hace falta ir a Google y hacer un *search*. Mi lista es sumamente tímida y en lo absoluto pretende ser exhaustiva.

La familia Guillemard. Si hubiera un libro *Guinness* boricua, esta gente tendría varias páginas por su habilidad de cubrir todas las bases donde de verdad se mueve el dinero. Andrés Guillemard, cuñado y director de campaña de Pedro Pierluisi, tuvo un buen cuatrienio, muy bueno.

Eliezer Aldarondo. Sus contratos por servicios legales a través de su bufete legal fueron con las dos manos. Definitivamente, Aldarondo hoy es un hombre feliz gracias al gobierno de Fortuño. A ese bufete se le encomendó incluso la defensa del gobierno en pleitos que le corresponde únicamente al Procurador General para defender la constitucionalidad de las leyes y que no deben ser relegados a un contratista del Estado.[13] Esta gente llegó al punto de que en el famoso pleito de educación especial contra el Departamento de Educación se atrevió a decir que: "no consideraba que hubiese daño psicológico, físico, ni mental [contra los menores] por lo que a la clase [o sea, los niños que por 30 años no han recibido servicios de educación especial a pesar de que la ley obliga al Departamento a darlos] no le correspondía indemnización alguna".[14] Lo curioso del asunto es que Fortuño prometió en todo momento acabar con ese pleito y no solo no lo acabó, sino que su bufete favorito se encargó de empeorar la situación como nunca antes. Esta gente se hizo de tanto dinero que me sorprende que no se hayan ido a vivir a los alpes suizos a esquiar todo el año. Como no volverán a hacer tanto dinero jamás en sus vidas, mi recomendación es que viajen mucho y, si pueden, no regresen. Consejo de pana.

De Tere Suárez, René de la Cruz, Edwin Miranda y sus viajes de avión privado, Mercado & Soto, Pérez Canabal y su vecino, Zoé Laboy y su socio, Daniel Pagán y el gasoducto, Miguel Cordero, y tanta otra gente no voy a seguir escribiendo pues honestamente me da coraje. Búsquelos en Google. Pero fueron muchos.

---

13 Supremo atiende demanda en contra del referéndum - *El Nuevo Día* (http://bit.ly/1asS5xl)

14 En estado de emergencia la Educación Especial en Puerto Rico - *NotiCel* (http://bit.ly/17PLZVZ)

Solo les digo que el gobierno de Luis Fortuño se gastó, desde julio de 2009 hasta diciembre de 2012 la friolera de $1,006,169,445.32 en publicidad del gobierno. O sea, que en ANUNCIOS, el gobierno gastó casi 300 millones de dólares por año, es decir, lo MISMO que según los cómputos de la Ley 7 se ahorraría el país despidiendo los 12,505 empleados del gobierno que fueron oficialmente cesanteados —esto no incluye transitorios y por contrato—. Así, De la Cruz & Asociados, Ballori & Farré y KOI eran empresas de publicidad mercenarias que anunciaban cuanta tontería se les ocurriera de las agencias del gobierno —y facturaban por ello—, mientras el gobierno despedía empleados sin piedad.

McConell & Valdés. Dicho bufete de Hato Rey, el más grande de Puerto Rico, le facturó al gobierno por varios servicios, entre ellos, redactar la propia Ley 7. Y esto, dirán mis compañeros letrados que no tiene nada de malo. Pues sepan que en el gobierno de Puerto Rico el Departamento de Justicia es quien prepara la legislación de administración. O sea, que cuando el gobernador quiere un proyecto de ley se lo envía al Departamento de Justicia para asegurarse de que se redacte de forma tal que cumpla con todas las leyes y la Constitución. De hecho, hay una división completa en el Departamento de Justicia sobre opiniones y legislación que hace ese trabajo. Pues resulta que bajo Fortuño, a esta división la pusieron a trabajar a medio pocillo pues se le pagaba un dineral a bufetes privados como McConell para redactar algo por lo cual ya el pueblo le pagaba a alguien en el Departamento de Justicia. Así que doble trabajo, doble paga. Claro que McConell no cobra lo mismo que un abogado de Justicia. Hay quien afirma que sólo por escribir la Ley 7, McConell facturó \$600,000[15] —Cosas veredes, Sancho—. En total en servicios legales el pueblo de Puerto Rico pagó \$693,000,000 millones[16] en esos cuatro años. Infame, pero real, y reto a quienes me desmientan.

Lo que voy a decir a continuación me causa repugnancia.

Cuando se sabía que la Ley 7 ya sería aprobada, el gobierno de Puerto Rico envió a varios de sus más altos ejecutivos para reunirse con los dueños de los medios de comunicación más importantes de la Isla so color de que lo hacían para "evitar que se desestabilizara el orden del país." Sabiendo las reacciones que causaría despedir 12,505 personas, eliminar puestos transitorios a unas 7,500 personas, más cancelar contratos a otras 5,000 e incentivar —casi obligar a gente a retirarse o a renunciar "voluntariamente"— renuncias y retiro a otras 6,000 personas entre ambas opciones, se esperaban protestas masivas y manifestaciones de desobediencia civil. Para

---

15 Fortuño reparte dinero público a amigos - *NotiCel* (http://bit.ly/1gPZ1Ll)

16 Tsunami de contratos privados en administración de Luis Fortuño – *Metro* (http://bit.ly/1d16KG8)

evitar que cundiera el pánico enviaron al entonces presidente del Banco Gubernamental de Fomento, Carlos García —entonces hombre más poderoso del gobierno de Fortuño y que luego regresó a Santander a puestos privilegiadísimos— junto a otras personas de altísimo nivel del gobierno para que explicaran lo que ocurriría a los dueños de los medios.

Y usted dirá, ¿qué de malo tiene eso? Pues sepa que la presión que este tipo de reuniones crea en los y las periodistas y comentaristas del país es enorme.

En una ocasión, un alto gerente de un medio de comunicación me hizo saber que en el caso de Red 96 FM —la emisora en la que yo trabajaba entonces— se presionó para que "dialogaran" con nosotros, los periodistas y comentaristas que laborábamos en la estación. Demás está decir que ninguno de nosotros cedió en un ápice nuestras obligaciones profesionales y si de algo me he sentido orgulloso en mi vida fue de haber sido miembro de aquel grupito de muchachos y muchachas. Cerraron la emisora. Morimos, pero con las botas puestas. Luego vino el crujir de dientes porque muchos estuvimos desempleados y desempleadas por varios meses, en el caso de algunos por años. En mi caso, esos siete meses sin trabajar fueron, probablemente, uno de los momentos más duros en mi vida.

Ese grupo de compañeros y compañeras de Red 96 FM ha sido el grupo más talentoso y comprometido que he conocido y con el cual me honré en trabajar. A los compañeros Yennifer Álvarez Jaimes, Jesús Rodríguez García, Luis Alberto González, Sylvia Verónica Camacho, Syrmarie Villalobos, y Angelito Oliveras los menciono a manera de homenaje.

En fin, que la presión a la que me sometieron a mí y a mis compañeros y compañeras de casi todos los medios fue indirecta, pero evidente.

En Puerto Rico, el gobierno es el segundo "cliente" que más se anuncia en los medios de comunicación. Algunos medios, la mayoría, dependen total o parcialmente de esa pauta gubernamental y si el Estado le quitara los anuncios los llevarían a la ruina. Así que sabiendo esto y con un presupuesto de sobre un billón de dólares en un cuatrienio, el PNP le hizo saber a los medios que estarían bien pendientes de las movidas que hicieran. La influencia indebida era obvia, aunque nada que el PPD no hubiera hecho antes aunque tengo que decir que de manera más recatada. Nuevamente, al PNP le hace falta un curso de modales y etiqueta, Desiree Lowry de seguro les puede dar unas clasecitas. En fin, después del PNP tanto criticar, válidamente, el nivel de contratación bajo el PPD en el cuatrienio de Sila y de Aníbal quienes gastaron siete billones por cuatrienio, el PNP vino y gastó 9.3 billones. Tremendo ajuste por inflación.

Recuerdo cuando don Miguel Hernández Agosto dijo que no pondría un solo centavo en la emisora que yo trabajaba pues yo era "anti Aníbal" para eso de las elecciones del 2008. La cosa es que el PNP hizo algo parecido por una investigación que hizo el periodista Oscar Serrano junto con la periodista Aura Colón, sobre informes nebulosos de Fortuño cuando era Comisionado Residente. El propio Ángel Cintrón le dijo al entonces director de la emisora Red 96, Eric Toro, que teníamos una línea editorial demasiado anti PNP. ¡O sea, que para algunos éramos anti PPD por mi, y para otros anti PNP por Oscar Serrano. Curiosamente, Oscar y yo tuvimos enormes diferencias, pero si algo puedo decir es que me consta que Oscar no tenía ese tipo de banderías y cuando decía investigar lo hacía sin misericordia independientemente del partido. Ya saben porqué la emisora no duró mucho.

Lo anterior contrastaba muchísimo con lo que sucedía con periodistas y comentaristas de otras estaciones y medios de comunicación. Era verdaderamente repugnante escuchar a periodistas y analistas dando anuncios del gobierno al entrar y salir de las pausas. Con esos anuncios, que en la industria de las comunicaciones se les llama menciones o integraciones, el talento que los leía al aire se ganaba un buen dinerito, en algunos casos era un gran dinerote. Usted que me lee, ¿nunca ha pensado que un periodista que recibe dinero del gobierno de esa manera, lo pensará dos veces antes de criticarlo al aire? O peor, ¿no le jugará el juego dando la percepción de que está haciendo preguntas difíciles cuando solo está siendo un ente de entretenimiento?

En varias ocasiones escuché a la veterana periodista Carmen Jovet leer unos ocho anuncios por programa. Así, que además de su sueldo habitual, esta señora se ganaría un dineral en ese negocio que podía sumar diariamente entre $300 a $400. Por eso, cuando ella decía que "no cobraba" por su programa en la estación del gobierno, todo el mundo en los medios se reía.

Nada, que no solo se ha legalizado la corrupción en Puerto Rico, sino que ya también a muchas personas se le ha hecho habitual y hasta perfectamente moral. Pero, eso sí, hago la salvedad que algunos compañeros y compañeras, entre los que me incluyo, no damos anuncios del gobierno porque nos damos cuenta del inherente conflicto ético o al menos queremos demostrar un punto al no hacerlo.

La historia sería demasiado larga como para continuar dando detalles. Pero todo se resume con la famosa frase que usó Jerome Garffer, el ex Vicepresidente de la Junta de Directores de la AEE, en unos mensajes de texto que se filtraron a la prensa: "Que la tajada más grande sea para los del partido".

Y como cerrar este capítulo de mi libro con una frase tan legal pero inmoral como la de Garffer me causa

repugnancia, añado otra. Es un sabio refrán africano
que dice: "cuando los elefantes luchan, la hierba es la
que sufre."

V.
THOMAS RIVERA SCHATZ, SU BIGOTE
Y LA TEORÍA DEL *ESTABLISHMENT*

Ya dijimos que en las elecciones del 2008 Luis Fortuño se quedó con to'. Bueno, con casi todo. No pudo quedarse con el Senado.

Contrario a lo que muchos podían pensar, el Senado no estaba disponible para Fortuño como lo estuvo la gobernación, la Cámara, la judicatura, contralor, ética, el FEI, etc., etc., etc. El Senado estaba ocupado. Vivía allí un tiburón blanco. Lo había puesto allí Pedro Rosselló.

Y no se puede culpar a Fortuño porque, al fin y al cabo, ¿quién puede domesticar a un tiburón blanco?

Sun-Tzu, el gran estratega militar chino, decía que la guerra se gana por pedazos, por bastiones. Y decía también que cuando veas que estás perdiendo, o sea, cuando estés cogiendo una pela, lo mejor es mantener el control de esos pedazos o bastiones más importantes para que desde ellos puedas resistir hasta que se presente la oportunidad de resurgir nuevamente y destruir a tu enemigo.

Y eso exactamente es lo que ha hecho Pedro Rosselló desde que cogió la pela más salapastrosa de su vida frente, no a un popular, sino un penepé.

Eran las primarias para la candidatura a la gobernación del año 2008 y Pedro Rosselló perdió por 138,436 votos o 18%, frente a quien cuatro años antes había sido su compañero de papeleta, Luis Fortuño. Ya era la tercera derrota corrida de Pedro Rosselló, después de que Aníbal lo derrotara en las elecciones generales del 2004 y de que los Auténticos impidieran su elección como presidente del Senado el cuatrienio siguiente.

¿Se acuerdan cuando Luis Fortuño para esas mismas primarias le dijo "cáncer" a Rosselló? Eso no fue un insulto, eso fue un símbolo y un símbolo muy poderoso. Luis Fortuño le estaba enviando un mensaje claro al PNP. La dinastía Rosselló llegaba a su fin y comenzaba la era de Fortuño. Y eso no tiene nada de malo. Rosselló lo hizo con Romero Barceló en 1991 y eso estuvo tratando de hacer Iván González Cancel con Fortuño sin ningún éxito durante el cuatrienio pasado. Y seguirá pasando en el penepé mientras el penepé exista pues es la naturaleza del movimiento político.

Pues como Pedro Rosselló no estaba dispuesto a dejarse vencer tan fácilmente y sabía que Fortuño le había dado una tunda —muchos dicen que gracias a los populares que votaron en la primaria para derrotar a Rosselló—. El doctor decidió atrincherarse en el mismo lugar donde se había atrincherado cuando compró un escaño senatorial después de perder la gobernación ante Aníbal Acevedo Vilá en el 2004. Esta vez, en lugar de hacerse él senador, colocó a su lugarteniente, Thomas Rivera Schatz, para que presidiera el Senado durante el cuatrienio 2009-2012. Eso le permitiría al doctor Rosselló tener acceso al poder gubernamental, mantenerse "vigente" políticamente hablando, y tener unos cuantos gustitos o "beneficios marginales" como que le pusieran su nombre al Centro de Convenciones, le hicieran un museo biblioteca en el Sistema Universitario Ana G. Méndez, o que le metan *fast track* a la designación de su hijo como catedrático auxiliar del Recinto de Ciencias Médicas de la Universidad de Puerto Rico.

Eso que hizo Pedro Rosselló, ver de qué manera llega al poder fuera de las urnas, lo hacen diariamente en Puerto Rico cientos de personas, directamente o a través de los más variados grupos, corporaciones e instituciones. De hecho, la mayor parte de esas personas que hacen lo mismo que Rosselló nunca han figurado en una papeleta. Muchos ni siquiera son conocidos, pero tienen muchísimo poder en el País.

Para entender todo esto hay que conocer cómo funciona el *establishment* en Puerto Rico. Pero, ¿qué es el *establishment*?

¿Se acuerdan del *"such is life"*? Pues por ahí va la cosa.

Era una tarde de verano del año 2009, cuando varios vecinos del Municipio de Ceiba fueron convocados para escuchar los nuevos proyectos que se desarrollarían en las tierras que abandonó el Ejército de Estados Unidos cuando cerró la Base Roosevelt Roads. Para hablarles del proyecto "Riviera del Caribe", que se construiría en la costa, con áreas de esparcimiento, atracaderos y tiendas de productos de lujo, se dirigió a ellos una persona que a partir de ese día sería conocido como *"such is life"* y me atrevo a decir, que se convirtió en una de las personas menos apreciadas por las clases pobre y media de Puerto Rico.

"Cualquier señalamiento que les guste o no les guste el giro, el enfoque del proyecto, lo que se pretende perseguir con el proyecto… mire, yo soy solamente el mensajero, créanme, a mí me dieron una encomienda y yo estoy como decimos en castellano *I'm a hired gun*". Comenzó diciendo en aquella reunión de verano el señor Jaime González, Director Ejecutivo del Proyecto Portal del Futuro.

Y dijo más: "…cuando a mí se me critica en la prensa porque yo hago y deshago, yo no le doy mayor importancia porque yo no soy candidato a ningún puesto político. Yo no estoy preocupado por los votos. Yo solamente estoy preocupado por una encomienda que me dio el señor gobernador y como se dice, yo sirvo *at the pleasure of the governor*".

"...que alguna de las tiendas vendan productos que yo no pueda comprar y que ustedes no puedan comprar, pues, *such is life*, como se dice, *such is life*. No todo el mundo ha sido tan agraciado". Siguió diciendo, acuñando la peculiar frase, sin sospechar que hacía en ese momento, una gran aportación al refranero popular boricua.

Y como si lo anterior fuera poco, dijo más: "El que no tiene siquiera cincuenta chavos para comprarse un *límber*, que eran a cinco chavos cuando yo era muchacho, por lo menos puede disfrutar de caminar libre de costo por esos paseos peatonales frente al mar y ver los cruceros llegar y ver a los pasajeros bajar, los pasajeros con chavos y ver a los pasajeros meterse en las tiendas y ver a los pasajeros comprando cosas caras, y al que le cree eso complejos pues lo siento mucho por ustedes porque la vida es así, no todo el mundo ha sido tan agraciado como otros".

"Pero no se preocupen por eso. No todo el mundo tiene derecho a eso y sigan jugando la loto o a la revancha o a lo que sea que quizás alguno de ustedes se puede comprar una lancha también". Remató González.

Ese día no estaba hablando Jaime González. Hablaba el *establishment*.

Para mí, este señor estaba diciendo la verdad. Pintaba la cruda realidad tal cual él la veía y probablemente, tal cual es. En pocas palabras, él dijo que independientemente de lo que la gente pensara, dijera o deseara, el *establishment* construiría lo que los intereses económicos necesitaran. Si se creaba allí un paseo marítimo con tiendas de lujo, pues al menos la gente se beneficiaría de poder pasear por allí con su familia aunque no tuvieran chavos ni para comprarse un *límber*.

El problema es que el *establishment* no habla.

El *establishment*, como la mafia, actúa pero prefiere pasar desapercibido. A Jaime González le pasó lo mismo que le pasó a Al Capone, por hablar frente a las cámaras y frente a la prensa y por dejar ver su opulencia, los limpiaron. El *establishment* prefiere que la gente no sepa lo que Jaime González dijo. Por el contrario, prefiere que el pueblo piense que tiene el poder de tomar decisiones a través de sus políticos. Por eso, después que dijo lo que dijo, lo desaparecieron de los medios de comunicación en cuestión de días. Lo botaron.

Muchos creerán que a González lo botaron por la presión que pusieron los sectores marginados, ofendidos con sus palabras. Pues sepa que no necesariamente fue así. A ese señor lo botó el *establishment* por andar abriéndole los ojos a la gente sin estar autorizado a hacerlo. Ese es el poder del *establishment* en funciones.

¿Entonces, quiere decir que en Puerto Rico manda el *establishment* y los políticos no gobiernan?

Pues, para bien o para mal, los políticos no gobiernan tanto como uno cree. El Poder, como es tan complejo, se ejerce desde muchos lugares a la vez y en distintos grados de intensidad: el gobierno, los federales, los bancos, las familias adineradas, la televisión, las constructoras y compañías de seguros, la radio, los inversionistas corruptos o no, las uniones y sindicatos, las iglesias, los periódicos, los carteles y puntos de droga, las universidades y organizaciones sin fines de lucro, las redes sociales, etc. Ninguna de ellas, salvo el gobierno —o mejor dicho parte del gobierno, como ya explicamos en los capítulos anteriores—, se somete a la decisión del pueblo en las elecciones generales. A esa gente no le importa el color azul, ni el color rojo, a ellos solo le importa el verde, el verde del dólar.

Así es como las batallas del *establishment* se dan en otras esferas.

Para una lista de gente del *establishment*, lean la que dictó Jorge de Castro Font y que menciono en el capítulo dos de este libro. Ahí hay unos buenos ejemplos. En esas listas distribuidas a *NotiCel* por los estatales y en la lista dada a los federales aparecen nombres y nombres y más nombres. Allí está en gran medida el *establishment* descrito y De Castro Font conocía muy bien tanto a los que se hacen pasar por coloraos como a los que se hacen pasar por azules.

Si quieren más nombres, enumeren a los enemigos de Thomas Rivera Schatz y ahí tendrán bastantes. El tiburón blanco no se mete con nadie que no sea del *establishment*. Él no pierde su tiempo en escaramuzas porque sabe que en el *establishment* es que está el verdadero poder.

A mi juicio, Thomas Rivera Schatz, a quien considero mi amigo desde que compartimos profesionalmente en WKAQ 580 AM y Red 96 FM, es uno de los mejores estrategas del país, aunque a la hora de ejercer la prudencia es bastante bruto. Es, diría yo, de los que dispara y después tiene que recoger vela.

Así, Tommy, cuál guapetón de barrio, se ha metido en un sinnúmero de peleas y batallas que resultan muy didácticas para los propósitos de este libro. Las trifulcas de Tommy nos permiten echar un vistazo a los verdaderos protagonistas del *establishment* en Puerto Rico, esos que por lo general prefieren pasar desapercibidos pero que Tommy ha sacado a la luz. Gracias a que él se mete con casi todos, es más fácil conocer sus identidades.

La primera gran batalla de Tommy pertenece a una guerra que él no comenzó: El Gobierno Rosselló vs. La Familia Ferré y *El Nuevo Día*. De esta guerra habla Pedro Rosselló en su libro de memorias, *A mi manera*. La pugna era porque Rosselló entendía que las empresas Ferré Rangel estaban tratando de influenciar indebidamente sobre el gobierno para adelantar sus intereses económicos y las empresas Ferré condenaban la decisión de Rosselló de cesar la publicación de anuncios en *El Nuevo Día* como un ataque a la libertad de prensa. La pelea venía desde un poco antes y no voy a detallar todas las teorías conspiratorias porque es innecesario. En fin, Rosselló le canceló los anuncios a *El Nuevo Día* y ahí el infierno se abrió de par en par y el azufre salió volando desde las entrañas del volcán Soufrière.

Se enfrentaron dos titanes. Por un lado la administración Rosselló —que ella solita bastante poderosa era para ese entonces— y por el otro La Familia Ferré, según el propio Rosselló indica en sus memorias, flanqueda por el Overseas Press Club, la Sociedad Interamericana de Prensa, la Asociación de Periodistas de Puerto Rico, la Asociación de Fotoperiodistas de Puerto Rico, el Centro para la Libertad de Prensa, la Puerto Rico Cement, Desarrollos Insulares, Lodestone Materials y ¡hasta dos jueces del Tribunal Federal! —al menos eso dice Rosselló y yo, esta vez, le creo—.

Según el ex gobernador, los jueces federales Héctor Laffitte y Daniel Domínguez trataron de negociar entre los Ferré Rangel y su gobierno para "mediar" en todo este proceso tras la demanda de *El Nuevo Día* contra el gobierno de Puerto Rico por Rosselló quitarle sus anuncios. Si usted quiere saber si hay un *establishment* tipo gobierno permanente en Puerto Rico, pues ahí lo tiene, dos jueces federales llamando para "mediar" un caso. Recuerdo que para entonces hasta uno de los abogados del caso fue el ex juez presidente del Tribunal Supremo, José Trías Monge. ¡Esto sí que era un juego de estrellas de Grandes Ligas!

De la guerra Rosselló-Ferré basta decir que el pleito judicial surgido entre ellos se negoció con concesiones para el grupo Ferré, pero que la guerra nunca ha cesado. Para bien o para mal, *El Nuevo Día* fue uno de los factores decisivos en la derrota del PNP en las elecciones del año 2000, que llevó al poder a la señora Sila M. Calderón y a mi juicio factor decisivo también para que ganara, no sólo Alejandro la gobernación, sino para que Eduardo Bhatia desbancara a Thomas Rivera Schatz como Presidente del Senado en las elecciones de 2012.

Según Rosselló expone en sus memorias —y todo el mundo conoce—, "tanto el presidente de *El Nuevo Día* como la candidata popular (Sila Calderón) tenían fuertes vínculos de negocios, siendo ambos de los mayores accionistas del principal banco de Puerto Rico, el Banco Popular". En palabras de Rosselló "eran y continúan siendo prominentes miembros de la elite económica criolla".

Y miren si más de diez años después esa guerra no ha concluido, que Rosselló no le da una sola entrevista a *El Nuevo Día*. Tampoco es como que *El Nuevo Día* la busque. En su libro, Pedro Rosselló, no perdió tampoco la oportunidad de lanzar un dardo venenoso —buche de sangre para otros— contra los Ferré Rangel:

> "Antonio Luis Ferré, bajo juramento tuvo que admitir que era uso y costumbre de su periódico enterrar ejemplares en un vertedero con la intención de inflar fraudulentamente la circulación que se reportaba. Se le conocían como 'los Eduardos' a estos ejemplares desaparecidos. Es irónico que el periódico que reclamaba que el gobierno era el más corrupto fuera el mismo que actuaba como una de las empresas más corruptas en nuestra Isla"

Y esto que dice Rosselló también se lo creo. Como también creí lo que decía *El Nuevo Día* de Rosselló. Ya lo dice el refrán, que cada ladrón juzga por su condición.

Pues resulta que la más reciente batalla de esta guerra la libró Rosselló desde su bastión en el Senado, a través de su alférez Thomas Rivera Schatz. El presidente del Senado se negó a darle paso a ciertas asignaciones de fondos para el Museo de Arte de Ponce, de la familia Ferré. Claro, que dirá María Luisa Ferré que eso es una organización sin fines de lucro y todo lo demás, pero eso nadie lo cree. Ese museo es de la familia Ferré aunque jurídicamente sea otra cosa. No podemos ser tan ingenuos.

Pues de esta batalla no hay mucho que decir excepto que cada parte usó sus tribunas para despotricar contra el otro y que, como la primera batalla, la cosa no llegó a mucho y el museo recibió su dinero. Estos choques de titanes me recuerdan el famoso enfrentamiento de dos buques blindados durante la Guerra Civil Norteamericana, el CSS Virginia y el USS Monitor. Ambos buques eran tan poderosos que en su primer enfrentamiento estuvieron tres horas disparándose sin lograr hacerse daño el uno al otro. La batalla culminó con la retirada de ambos buques, sin que hubiera ganador, ni perdedor.

¿Y para qué entonces Thomas Rivera Schatz hizo todo ese espectáculo si al final aprobaría los fondos? Pues es evidente, para mantenerse vigente y para enviar un mensaje a los Ferré Rangel de que la guerra no ha terminado. Rosselló no ha muerto. Claro, el único problema es que Rivera Schatz no se dio cuenta de un detalle importante. Tommy parece que no se dio cuenta de que él no es hijo de Rosselló. No se percató del detalle de que Ricky Rosselló es el verdadero heredero y mientras Tommy sigue en el lodazal político diario y de insulto en insulto, Ricky se distancia y se hace ver como un hombre de estado intentando borrar imágenes que carga por culpas imputadas a su padre.

Lo más importante de toda esta guerra con *El Nuevo Día* es que le enseñó al PNP que necesitaba un periódico urgentemente con el cual pudiera contrarrestar el efecto del periódico del enemigo. Ya no era suficiente con la pauta diaria que tenía Tommy con la Jovet en NotiUno. Por eso "compraron" el periódico *El Vocero*.

Ese periódico, que estaba al borde de la quiebra, fue subsidiado durante el cuatrienio 2009-2012 con fondos públicos. A cambio, *El Vocero* le dio al gobierno la cobertura de relaciones públicas más estupenda que jamás se haya visto por parte de medio alguno y embarró la hasta entonces prístina figura del "Ken" boricua, hoy gobernador.

Y mire, usted podrá o no darle credibilidad a *El Vocero*, pero la idea fue precisamente dañarle la imagen día a día a Alejandro García Padilla. Y con 11 millones del PNP, 2 millones del Partido Republicano en Estados Unidos gastados en la Isla y un periódico diario con circulación respetable y leído por los periodistas y comentaristas de todos los otros medios, usted le daña la imagen a Madre Teresa de Calcuta. No hay Gandhi que aguante un empuje de, pongamos, 20 millones de publicidad negativa en un espacio de seis meses sin que usted, por más virtuoso que sea, termine con lodo en la cara. Obviamente, en el caso de Alejandro no es ningún virtuoso, por lo que él no ayudaba a su causa y por tanto

El Vocero se convirtió en el lodazal más efectivo contra el entonces candidato.

Mire si tanto poder tienen los medios impresos que *El Nuevo Día* ha logrado desbancar decenas de funcionarios cuando se lo propone. Así, las páginas del Grupo Ferré Rangel lograron sacar de carrera al ahora ex Secretario de Educación, Jesús Rivera Sánchez; al ahora ex director de la Autoridad de Energía Eléctrica, Alberto Escudero; y al ahora ex presidente de la Universidad de Puerto Rico, José Ramón de la Torre; José Luis Rivera Guerra, entre tantos otros. A Evelyn Vázquez no la pudieron sacar, pero ciertamente no salió reelecta. ¡Vean cuán poderoso es el imperio Ferré Rangel que hasta a mí me tienen en nómina a través de una columna semanal en *Primera Hora*!

Y hablando del diario *Primera Hora*, eso nos lleva a otra de las batallas de Tommy; Su guerra abierta contra la fiscalía federal, un ex fiscal especial independiente y el Panel sobre el FEI. En todas estas batallas defendió a sus "amigos", que *by the way*, todos han salido culpables.

Pues resulta que antes de que el plato del panel del FEI se sirviera en el Banquete Total, es decir, antes de que nombraran a Nydia Cotto Vives presidenta, las investigaciones que allí se hacían incomodaban mucho a Tommy. Y no es para menos. Por ejemplo, estaban investigando por corrupción a su "amigo" el alcalde de Vega Baja, Edgar Santana. Por otro lado, fiscalía federal, que no estuvo en el menú del banquete, investigaba y acusaba a su otro "amigo", el senador Héctor Martínez, también por corrupción.

Thomas Rivera Schatz, que como dije antes es bastante impulsivo, llenó un *party bus* con senadores y se los llevó al tribunal federal para apoyar a Héctor Martínez. Mire si esto es impulsivo y torpe que en caso de que el Senado hubiera recibido una querella juramentada por los actos imputados al senador Martínez, toda la delegación del PNP hubiera tenido que inhibirse del proceso pues al ir en aquel *party bus* demostraba ya parcialidad en el proceso. Obviamente, el PNP no iba a hacer tres vainas contra el panita de Tommy, pero así de burda quedó la cosa. Ni el presidente de la Comisión de Ética, el senador Carlos Torres Torres, se quedó sin montarse en la guagua de visita en apoyo a Héctor Martínez para demostrar algún grado de decoro. Allí fueron a bailar el ritmo al que Tommy les tocaba.

En cuanto a Edgar Santana, Tommy le imputó al fiscal especial que llevaba el caso haber cometido actos de corrupción, lo que motivó una investigación interna por parte del Panel del FEI. Como medida de presión, el entonces presidente del Senado legisló él mismo una resolución para investigar al Panel desde la Legislatura. Mientras el Panel investigaba a su fiscal, Thomas Rivera Schatz se dedicó a insultar al FEI a través de los medios.

Cuando el Panel culminó su investigación y encontró que su fiscal no había cometido ninguna violación, arremetió contra los ex jueces del Panel, logrando que dos de ellos renunciaran y colocando luego a una donante política suya en la presidencia de ese cuerpo, Nydia Cotto Vives. Obvio que la imputación de que esos ex jueces estaban cabildeando para nombrar a sus hijos a la judicatura era cosa seria, pero si hubiera sido del todo serio lo que Tommy decía hubieran hecho una investigación por faltas éticas y demás. Nunca ocurrió tal cosa, lo único que Tommy quería era sacarlos del FEI y nombrar allí a su aliada y donante.

Lo mismo que hizo Thomas Rivera Schatz contra el FEI, lo quiso hacer contra fiscalía federal y el FBI cuando, públicamente, le dijo *fequero* al hoy ex director del FBI en Puerto Rico, Luis Fraticcelli. Esa es la estrategia de Thomas Rivera Schatz. A río revuelto ganancia de pescadores.

Tommy no tuvo éxito ni con el caso de Martínez ni con el de Santana. Ambos resultaron convictos. El día de la lectura de Sentencia contra Héctor Martínez no hubo *party bus*. El día que un jurado encontró culpable a Edgar Santana tampoco hubo "amigos".

Podríamos llenar las páginas de este libro hablando de los entuertos de Tommy y de sus peripecias con las esferas de poder; la manera en que él maneja a su gusto y gana a las uniones y sindicatos; sus enfrentamientos con la iglesia católica; sus peleas con Eduardo Bhatia, Sila Mari y la delegación popular; y sus atentados contra los universitarios y la prensa del País, entre muchísimos otros. Aunque hay que aclarar que ninguno de los aquí enumerados son hermanitas de la caridad y todos juegan —unos bien y otros no tanto— los juegos de poder del *establishment*.

A Tommy no le molesta ganar o perder. Lo importante es pelear, mantenerse vigente. Al fin y al cabo él conoce las reglas y a ellas se somete. A veces se gana y a veces se pierde. Por eso, al perder la presidencia, no tuvo reparo en quedarse como mero senador de minoría y no buscar la portavocía de su delegación. Ese es su estilo.

Si Tommy no estuviera en el juego, no hubiese colgado la renominación del ahora ex juez superior Aldo González Quesada por haberse inhibido de atender el caso de la pensión Cadillac de Rosselló; y no hubiese colgado las aspiraciones judiciales de las licenciadas Carmen Ana Pesante e Irene Soroeta Kadesh por ser "*estadistas light*".

Según lo reseñó *El Nuevo Día*, no fue sino hasta una segunda ocasión que Fortuño volvió a nominar a la licenciada Soroeta, que el Senado la confirmó. Eso, claro, fue a cambio de que Fortuño nombrara nada más y nada menos que a la tía de la hija de Tommy, Gloria Lebrón Nieves, también a un puesto de juez.

Lo que hace Tommy para favorecer a su "cuñada", como lo que hace Lucé con su notaría y Ángel Cintron con sus contratos, no será ilegal pero se ve bieeeeen feo.

En Puerto Rico se ha legalizado la corrupción y se han buscado formas sofisticadas para burlar la Ley y la Ética. Por ejemplo, eso que hizo Tommy contra el Juez González es la demostración más gráfica de que el *establishment* nunca pierde. Pasaron años, pero el juez González fue colgado por haberse enfrentado a Tommy y a pesar de que todo el mundo, aún del PNP y del PPD, lo respetaba al juez y hasta manifestaciones en su favor hicieron. Eso al presidente del Senado poco le importó y con ello envió un sonoro grito de advertencia a todos los jueces para que no se les ocurra fallarle en contra a sus intereses o tan siquiera inhibirse de un caso en que un interés de él o del PNP estuviera en juego. Si usted brega contra su falange, las va a pagar, tarde o temprano.

No puedo cerrar este capítulo sin hablar de la investigación que el entonces presidente del Senado Thomas Rivera Schatz le tuvo montada al juez presidente, Federico Hernández Denton hasta el último momento de su presidencia en el Senado. Esa investigación, que comenzó con las expresiones de un alguacil sobre supuestos actos de corrupción del juez, vio su final en la esfera criminal cuando el Departamento de Justicia y el Panel sobre el FEI anunciaron que no había causa para procesar criminalmente al juez Hernández Denton. Aún así, Tommy insistió en investigar, y que conste, derecho tenía a hacerlo.

Mi opinión, aunque no pongo las manos en el fuego por ningún juez, es que eso fue un *bluff*; que los penepés nunca tuvieron evidencia alguna contra Hernández Denton; y que el único propósito de continuar la investigación era mantener a raya al último reducto de poder que le quedaba al Partido Popular. La presidencia del Tribunal Supremo fue el lechón que se salvó de acabar en la brasa y los penepés no pudieron meterle el diente.

Al parecer, el Juez Presidente tiene un lado débil y Tommy lo conocía. Por información que he obtenido del propio PNP, la investigación contra el Juez Presidente no logró encontrar nada contra él, aunque sí contra el hijo del juez. Cosas de muchacho para cualquiera, menos para un hijo de todo un juez presidente del Tribunal Supremo. Esas tonterías, aunque legalmente no conducirían a nada, hubiesen puesto a la judicatura en el ojo público. En fin, que en Puerta de Tierra se vivieron momentos de tensión enormes porque según me cuentan mis informantes, el Juez Presidente aguanta, menos que se metan a sacar chismes, ciertos o no, sobre su hijo. Y la verdad es que en eso, le doy la razón al juez.

Pues parece que no eran tantos los gatilleros o gatilleras disponibles en el bando de Tommy como para lanzar lodo a ese nivel y ahí murió el asunto. En fin, el caso se cerró y el expediente de investigación acabó en la bóveda del Tribunal Supremo bajo el control del Juez Presidente y los jueces asociados, en lugar de en los archivos de la Oficina de Servicios Legislativos o bajo el control del nuevo presidente del Senado Eduardo Bhatia. Ahí quedó ese asunto como una batalla más, otro capítulo inconcluso de la guerra del *establishment* que parece que nunca termina y siempre quedan batallas para el futuro.

También pienso que a pocos meses de finalizar el pasado cuatrienio el ala fortuñista sabía que seguir peleando con el Juez Presidente no llegaría a nada y solo provocaba hacerles ver como afrenta'os a la mesa del banquete. Además, ¿no creen ustedes que si realmente hubiesen tenido prueba, no hubiesen comenzado la investigación en la Cámara de Representantes que es el único cuerpo que puede llevar a cabo un proceso de residenciamiento o destitución contra el Juez Presidente según la Constitución?

Los fortuñistas ya habían comido demasiado y optaron por enfocarse en sus estrategias para mantenerse en el poder, dentro o fuera de Fortaleza. A fin de cuentas, todos ellos sabían que Hernández Denton cumpliría 70 años en el 2014 y le tocaría, al ganador de la gobernación en el 2012 nombrar un nuevo juez presidente sin dificultad. No fue casualidad, pues, que el que más se mantuvo aferrado a la idea de mantener viva la pesquisa contra el juez Hernández Denton fuese Thomas Rivera Schatz; el de la facción rossellista; el menos alimentado de los invitados al banquete total.

No podemos perder de vista que Thomas Rivera Schatz es un lugarteniente. Podrá tener muchas condecoraciones y muchísimo interés en ser gobernador, pero mientras tanto es eso, un lugarteniente de Pedro Rosselló. Precisamente, por ser incondicional a Rosselló y no a Fortuño, es que le dieron uno de los peores lugares a la mesa del banquete total.

Habrá que ver cómo el general Rosselló mueve sus fichas ahora que está debilitada la figura de Fortuño. Entonces y solo entonces, Tommy podrá comenzar a crecer nuevamente.

Los Fortuñistas tienen sus caballos, alfiles y torres en Pierluisi, Kenneth y Jenniffer. Rosselló tiene los suyos en Tommy y otros cuantos peones dispersos por el tablero, como su hijo Ricky. Si no lo creen, pregúntenle a *El Vocero*, que lleva años publicándole columnas y haciéndole reportajes hasta de lo más inimaginable al hijo de Rosselló, siempre que sea para ensalzar su figura y la de su padre.

Y así, no en las urnas como hasta ahora lo habíamos pensado, es que se juega a la política, o más bien, al poder, en tableros de ajedrez inaccesibles para nosotros, los ciudadanos de a pie. *Such is Life!*

Del tablero en el que juega ahora el Partido Popular iremos sabiendo según transcurra el cuatrienio. Por lo pronto, me luce que Bhatia y Aníbal están de un lado que no es el de Alejandro ni el de Perelló. Y aunque al comienzo Yulín parecía ser la reina en el juego de García Padilla, ya no lo es. Pero son solo impresiones. Habrá que ver.

Aún así, me gusta pensar que algún día *todos* tendremos acceso, no sólo a esos tableros, sino a crear unos tableros nuevos en los que las reglas del juego no sean el "sálvese quien pueda" o el "quién se lleva más dinero". Aspiro a un futuro en el que el juego tenga una sola regla: "lograr el bienestar colectivo, la igualdad entre los seres humanos, y el verdadero desarrollo económico y social de nuestro País".

Mis propuestas para lograr esto las pongo sobre la mesa más adelante.

VI.
LAS CASAS QUE SE QUEDARON POR SALVAR

Y usted dirá, Fortuño dijo haber salvado la casa; Alejandro dijo que va de camino a salvar unas cuantas más; y el *establishment* siempre ha tenido su casa segura. Pero, ¿y mi casa? ¿mi casa quién me la salva?

Pues sepa que su casa estará salva en la medida que salvemos la de todos y todas en el país. Suena a cliché, pero es la pura verdad. No puede sostenerse una casa —ni siquiera la de los amigos de Fortuño y Alejandro— sobre un terreno que no es estable y Puerto Rico va camino a convertirse en una trampa de arena.

Y esto de la "trampa de arena" y las "casas por salvar", aunque parecen figuras retóricas es un asunto muy concreto y muy real que, por rico o pobre que usted sea, le afecta directamente. Este asunto comienza —¿o termina?— por los famosos "bonos del gobierno" de los cuales usted seguramente ha escuchado hablar.

Los bonos son instrumentos del mercado financiero que se trafican en mercados a un valor nominal (lo que vale según lo que dice el papel) y a un valor real (lo que realmente se paga). Ya sé que eso suena a cosa complicada, pero para ponerlo en palabras más sencillas, un bono es un préstamo.

Imagine que el gobierno para hacer una escuela tiene que decidir la forma en que conseguirá el billete. Por ejemplo, una escuela vocacional cuesta 60 millones de dólares hacerla. El gobierno tiene que decidir si subirle las contribuciones a la gente para construir la escuela, si le pide prestado a un banco o si encuentra alguna otra forma de obtener el billete.

Subir los impuestos resta votos y pedirle dinero prestado a un banco tiende a ser muy caro por los altos intereses que cobran. Entonces el gobierno opta por ir directamente a inversionistas, que son personas o corporaciones que tienen dinero para invertir y les dice: "Préstame un millón y a cambio te voy a pagar intereses a 5% anual". O sea, que todos los años el gobierno le va a pagar a estos inversionistas $50,000 en intereses por los 30 años en lo que termina el período del bono. Esa persona NO tiene que pagar contribuciones sobre esa ganancia de $50,000 anual. El gobierno hace eso para que más gente les preste dinero y obviamente el gobierno se beneficia porque en vez de coger un préstamo al 7% o al 8% de interés lo coge a un 5% y cuando son billones de dólares, ese 2% o 3% de diferencia, es un fracatán de dinero.

Entonces no hay duda que vender bonos es mucho más barato. Aunque igual hay que pagarlos.

Pues ocurre que los inversionistas no prestan su dinero a ciegas. Se dejan llevar por unas casas acreditadoras. Las más conocidas son S&P (Standard and Poor's) y Moody's y Fitch. Son entes privados que le dicen a los inversionistas, también llamados "bonistas", qué probabilidades hay de que X o Y gobierno les repague el dinero que compraron en bonos, o sea, qué probabilidades hay de que el gobierno les pague a ellos el dinero que tomó prestado, más los intereses. Igualito que el *credit bureau*, que le verifica a usted su historial de crédito para ver si la Toyota le vende un carro. Lo mismo hace S&P, Moody's etc.

Las casas acreditadoras le dicen a los inversionistas lo mismo que le dice el *credit bureau* a Toyota. El *credit bureau*, por ejemplo, le dice a la Toyota: "Oye, fulanito siempre ha pagado la tarjeta de crédito, paga la mueblería, pero cuidado que lleva un tiempo pagando la hipoteca atrasa'o. Imagínate, que antes tenía 720 en el *credit score* y ahora tiene 650, así que si le vas a prestar tienes que cobrarle más caro porque te estás arriesgando a que no te pague y a cambio de arriesgarte a que no te pague debes pedirle que te pague más en intereses". Pues eso es exactamente lo mismo que hacen estas casas "acreditadoras". Ellas evalúan al gobierno —y también empresas privadas— y verifican si hay riesgo de que el gobierno les cumpla. Le dice: "Mira, esa gente del gobierno X siempre ha pagado bien, nunca han falla'o, pero últimamente hemos visto que eligieron a un tipo ahí que tiene el gobierno tranca'o y tienen a otro tontejo en la legislatura. Ten cuida'o, no es que no le prestes, es que si le vas a prestar tienes que pedirle más dinero a cambio del riesgo que te vas a correr de que acabe no pagándote". Así que de BBB, ahora le voy a bajar la nota a BBB-. Eso implica que el gobierno tendrá que pagar más en intereses a cambio de que la gente le preste. Si antes pagaba 4.50% ahora tendrá que pagar 5% —por dar un ejemplo—. Eso cuando se trata de billones de dólares .5% es muchísimo dinero. En un bono de 1,000 millones esto significa que ahora el gobierno en vez de pagar 45 millones en intereses, va a pagar 50 millones todos los años, que al final de 30 años son 150 millones la diferencia, o sea, bastante.

Claro, esas agencias acreditadoras viven de su prestigio y de su reputación. Igual que usted le presta a alguien porque usted cree en su palabra, los inversionistas creen en la palabra de Moody's y S&P. Pero estos han fallado —y malamente— en el pasado. El más evidente ejemplo fue cuando le dieron a una corporación llamada Lehman Brothers una acreditación de AAA cuando la empresa tres semanas después se fue a la quiebra tras desplomarse el mercado hipotecario.

Otra cosa. Hay unos inversionistas que solamente, ya sea por ley o porque así lo deciden, no invierten en los llamados bonos chatarras. Esos bonos son aquellos que están por debajo de cierto nivel —Puerto Rico está, a la fecha de publicación de este libro a un nivel de ser chatarra—. Muchísimos negocios y la banca no pueden tener estos bonos, ni comprarlos y si los compraron hace tiempo y ahora lo bajan a chatarra tienen que salir de ellos. Si S&P le dice a los inversionistas: "Puerto Rico es chatarra", eso implica que esos inversionistas que por ley o por política de la empresa no pueden tener bonos chatarras tienen que salir corriendo a venderlos y por tanto los venden al precio del mejor postor, tu sabes, tipo subasta. Esto es bastante lógico pues el gobierno quiere evitar que algunas empresas, sobre todo bancos, tengan inversiones en activos que tengan alto riesgo porque eso implica que se pueden ir a la quiebra esos bancos y ya usted sabe lo que eso implica en una economía capitalista. Además, muchas inversiones en planes de Retiro, 401k, Planes Keogh y otras fuentes para el retiro de la gente de empresa privada se invirtieron en esos bonos que si llegan a chatarra y pierden valor ahí la empresa privada y la gente, el pueblo que invirtió para poder retirarse coge tremendo azote. En el caso nuestro, para que entendamos el asunto, de los 70 billones emitidos por el gobierno de Puerto Rico, 30 billones están en manos locales, en inversiones de personas en Puerto Rico. Así que de degradarse el crédito a nivel chatarra y tener que compensar con esa pérdida los bonos locales se traficarían a precios bien bajos y se perderían muchísimo de esas inversiones.

Así que esos bancos y empresas que los compraron van a perder un montón de dinero por tener que vender así de barato lo que compraron antes más caro. Imagina entonces, que los bancos de Puerto Rico y las empresas locales que compraron esos bonos para no tener que rendir contribuciones por esos ingresos pierdan de un día para otro 200 millones unos bancos, 50 millones otros, 500 millones otras empresas, etc. O sea, no solo el gobierno no va a poder coger más préstamos —que ha sido la forma en la que hemos hecho hoteles, hospitales, carreteras, escuelas, edificios de la UPR, etc.— sino que tampoco las empresas privadas locales podrán invertir o gastar mucho —o crear o mantener tu empleo, por ejemplo—, porque acaban de coger un "mamellazo" en pérdidas.

Y la cosa no termina ahí. Resulta que el gobierno de Puerto Rico no sólo ha emitido bonos (tomado prestado) para construir, sino que también lo ha hecho para financiar proyectos que no aportan mucho a nuestra riqueza que digamos como asfaltar carreteras —que en tres meses la lluvia y la falta de desagüe adecuado hace que se pierda— o para pagar intereses de otros préstamos más viejos (refinanciar el servicio de la deuda). Esto último es como si usted pagara la tarjeta de crédito con una segunda hipoteca de la casa y solo paga parte de la deuda y sigue con el relajo, práctica en la que hemos caído ya siete veces girando contra el Fondo General y también unas tantas con las corporaciones públicas (AEE, AAA, y otras).

¿Y qué sucederá entonces si degradan el crédito de Puerto Rico a chatarra?

Pues piense que la economía es como un avión que tiene dos motores. El motor de la derecha es la empresa privada y el motor de la izquierda es el gobierno. Cuando el gobierno gasta el motor de la izquierda está prendido y cuando la empresa privada gasta el motor de la derecha está prendido. Si de repente el gobierno no puede gastar porque tiene el crédito en chatarra, es decir ya no puede tomar prestado, se apaga el motor de la izquierda. Si la empresa privada no puede gastar tampoco, por las pérdidas que tuvo al degradarse el crédito de Puerto Rico y por las que ha tenido con la crisis actual, pues se apaga el motor de la derecha y el avión de la economía empieza a caer hasta estrellarse. Literalmente, eso es lo que ha estado pasando con nuestra economía. El motor de la empresa privada ha estado casi apagado y el del gobierno ha pistoneado demasiado. Para mantener a flote el avión el gobierno ha cogido prestado y prestado hasta ya no poder más.

Ambos motores están tan apagados, al punto de que hemos perdido 14 billones en nuestra economía. O sea, nuestro avión ha perdido 14 mil pies de altura y sigue hacia abajo intentando mantener vuelo. De irnos a chatarra ambos motores quedarán apagados y habrá que buscar la manera de alzar vuelo.

Así como están íntimamente ligados los bonos y el crédito de Puerto Rico a la situación económica, así también está íntimamente ligada la situación del Sistema de Retiro de Puerto Rico con los bonos, el crédito del País y, por ende, con la situación económica.

El Sistema de Retiro es el plan de pensiones de los empleados del gobierno. Hace muchos años atrás, el gobierno decidió retenerle una porción del salario de los empleados públicos a cambio de devolvérselo en beneficios a éstos luego de que se hayan retirado. Claro que esto es como una lotería porque si usted aporta, se retira y se muere al otro día, pues no recibe nada. Si dura 130 años entonces va a recibir un montón de dinero, comparado con el que aportó. Estos beneficios también le aplican a su esposo o esposa si usted se muere.

A la misma vez, el modelo está basado en que según se retire la gente, irían entrando más empleados nuevos al sistema con sueldos más altos y por lo tanto, aportando más. También ese dinero se invertiría en los mercados de valores y generaría ganancias con las que cubrir las pensiones de los ya retirados. En la medida en que más dinero entrara al sistema proveniente de las inversiones sobre el dinero ya recogido y de los sueldos de los empleados más jóvenes, más dinero habría para pagar a los ya retirados.

El problema del sistema de retiro es que se mezclaron a la vez varios factores en su contra. En primer lugar, los retirados que se morían temprano eran cada vez menos y los que duraban mucho eran cada vez más. O sea, que cada vez había más retirados recibiendo beneficios, más bocas que alimentar. En segundo lugar, con la caída de los mercados en el 2008, las ganancias del dinero que se invertía era cada vez menos, por lo tanto, menos dinero en caja para repartir. En tercer lugar, con los despidos masivos de la Ley 7, se redujo considerablemente la cantidad de gente aún no retirada disponible para aportar al sistema.

Y si lo anterior le parece poco, pues sepa que además, el gobierno se ha ocupado cuatrienio tras cuatrienio de aumentar los beneficios a los pensionados y de hasta tomarle prestado a los fondos de retiro para atender otros asuntos del gobierno sin pagarle intereses. Para que usted tenga la idea, el gobierno de Hernández Colón hizo eso y en vez de tener esos millones generando ganancias, los tuvimos allí ayudando al gobierno de turno, pero no a los pensionados. Mire, eso en Irlanda se hizo en los años treinta cuando se usó el dinero de retiro para electrificar el país, pero se hizo para una inversión donde todo el pueblo sería beneficiado a la vez que se pagaron intereses para aportar y ayudar al sistema de retiro, pero en Puerto Rico se hizo para cuadrar un presupuesto y sin beneficio alguno para las personas pensionadas.

En pocas palabras, desangraron el fondo sin preocuparse por inyectarle dinero. Además se hicieron cuestionables inversiones que ni siquiera invirtieron en el mercado, sino que sirvieron para inyectar liquidez al Banco Gubernamental de Fomento. Por ejemplo, se tomaron tres mil millones de dólares en bonos de 6.38% de interés que tenían que pagar de ahí en adelante y solo invirtieron una tercera parte de ellos que no pagaban ni la mitad. Cinco años después de esa emisión se ha ganado solo 2% que es una vergüenza. Para que tenga una comparable, el 9 de marzo de 2009 el Dow Jones bajó a 6,547 puntos tras la debacle hipotecaria. A la impresión del libro el Dow Jones supera los 15,000 puntos rompiendo todas las marcas históricas. Si usamos el indicador más apropiado S&P 500 en marzo 9 de 2009 estaba en 676 puntos, hoy está en 1,692, para un aumento de 150%. El mercado ha subido entre 125% y 150%, nosotros le hemos ganado a esa inversión 2% en esos cinco años. Eso llora ante los ojos de Dios.

Pero antes de que cualquiera venga a pedir la cabeza de Fortuño o de Alejandro, debemos dejar claro que un modelo económico no se destruye en cuatro u ocho años, ni tampoco un sistema de pensiones. No hay manera de que razonablemente se le pueda culpar a Fortuño por el deterioro económico que vive el País. Tampoco a García Padilla.

Por la situación del Sistema de Retiro de Puerto Rico no se puede culpar exclusivamente al PNP o al PPD. Hay que culpar a los dos por el desastre brutal que han causado aunque debo decir que sin duda el PPD ha sido más irresponsable ahí.

El déficit actuarial en Retiro llegó a 37.3 billones de dólares y se debe en resumen a que nuestros políticos, o sea, la gente que pusimos allí nosotros, han concedido beneficios a la gente, muy por encima de las cantidades que esa gente aportó. Para que tenga usted la idea, una persona que aporta 130 mil a Retiro puede recibir en beneficios hasta 400 mil. Y eso lo han hecho los políticos que ustedes y yo pusimos allí.

Desde el 1987 ya empezó Retiro a tener un déficit. Pero Cuchín, el entonces gobernador, parece haber dicho: "que eso lo resuelva el próximo porque yo quiero ganar las elecciones de 1988", incluso aumentó la cantidad que recibía el cónyuge agravando el problema. En cuanto a soluciones solo aportó que la edad de retiro fuera mayor. Luego vino Rosselló y aportó mucho más que ningún gobernador anterior a resolver el problema. Pero no lo resolvió del todo y al igual que Cuchín que el próximo resolviera. Y llegó Sila y le dio más beneficios aún a los retirados y cogió préstamos para que el próximo resolviera y llegó Aníbal junto a la Legislatura y lo mismo; y luego vino Fortuño y lo mismo. Y ahora ya no podemos coger más prestado porque se acabó el fiao, dijeron S&P y Moody's.

Ese, señoras y señores, es el cuadro de Retiro, y fiel muestra de nuestra economía en general, hoy por hoy.

Y digo fiel muestra, porque exactamente lo mismo está pasando en otras dependencias como la Autoridad de Acueductos y Alcantarillados y la Autoridad de Energía Eléctrica, Autoridad de Carreteras, Autoridad de Edificios Públicos, Autoridad de los Puertos, la UPR. Todas estas corporaciones públicas han tenido décadas para invertir en su infraestructura pero no lo han hecho por no subir las tarifas ni "incomodar" a los electores a la vez que se reparten contratos en estudios sobre estudios, investigaciones y propuestas que nunca hacen, pero que por hacer esos estudios y análisis e investigaciones se cobra un billete que obviamente va para el bolsillo y para la gente del partido.

El gobierno federal le ha dado un ultimátum a ambas corporaciones para que resuelvan sus problemas en o antes del 2014 para la AAA y del 2015 para la AEE. Estas mejoras, al tener que hacerse de golpe ahora y no haberse hecho a lo largo del tiempo, costará, en el caso de la AEE, 1.2 billones de dólares. O sea, que la AEE tiene que conseguir para el 2013, 650 millones más de lo que ya nos cobra. Para el 2014 tendrá que conseguir una cantidad igual y todo eso quien lo pagará es usted porque ya no se puede tomar prestado.

Siga sumando. Para resolver Retiro necesitamos 400 a 700 millones más todos los años; en la AAA y la AEE ya tiene una idea; la Autoridad de los Puertos está igual —aunque se supone que con la venta del aeropuerto hayan resuelto por un tiempito—; ASES, bueno, el gobierno en general. No importa el partido que sea ni el gobernador o gobernadora que lo dirigió, todos son culpables del lugar donde estamos y todos tendrán que unirse para sacarnos de aquí o tarde o temprano pagaremos muy caro.

Y claro, usted dirá, "pues pa' eso voté por Alejandro, pa' que resolviera el problema".

Pues veamos qué ha hecho Alejandro en sus primeros 100 días de gobierno y si en realidad, existen razones para pensar que él podrá hacer algo.

En una democracia representativa como la nuestra, los partidos políticos son el vehículo mediante el cual las personas pueden llegar al poder. Antes lo hacían a través del nacimiento (heredaban el poder) a través del casamiento (contraían matrimonio con quienes tenían poder) o a través de las armas (se ocupaban de eliminar a los que tenían el poder mediante golpes de estado, revoluciones, guerras civiles, etc.). Pues para evitar malos ratos, decidieron hacerlo mediante las urnas (con los votos). Embuste, así no fue. Hubo guerras bestiales y la resistencia fue enorme, desde la Guerra de Independencia de Estados Unidos, la Revolución Francesa, luego las guerras independentistas y luego la lucha abolicionista y sufragista. Nunca fue gratis este derecho que ahora usamos. Personas de la altura de Alice Paul se sacrificaron duramente para conseguir el voto de la mujer y todo para que pudiéramos votar por el Chuchin. En fin, que debemos apreciar muchísimo más el derecho al voto y le invito a buscar información de las luchas sociales, asesinatos, guerras, sacrificios, ayunos, huelgas de hambre y demás que tuvieron que hacerse para lograr que el día de las elecciones sea el único día en años en que tanto la persona más rica como la persona más pobre se encierra en una caseta y allí vale exactamente lo mismo el voto de quien tiene como de quien no tiene. Esa es la magia de la democracia, la cual como sabemos por el capítulo anterior, es sumamente moldeable y a través del engaño, la publicidad y la treta hemos dañado al punto de que ya quienes antes heredaban el poder a través de la monarquía ahora lo ganan a través de la cogida de tontejo que nos dan.

Pues en nuestro sistema, cada grupo de personas que quiere llegar al poder por los votos desarrolla un programa de trabajo o como se conoce comúnmente una plataforma —la palabra plataforma sí está admitida por la Real Academia Española—. Lo lógico entonces es que esa plataforma se prepare antes de ganar las elecciones y se tenga al menos una lista de las personas que se encargarán de ponerla en vigor una vez el partido resulte favorecido.

Pues parece que a Alejandro se le fue todo el tiempo pre electoral en cómo ganar las elecciones y poco fue el tiempo que le dedicó a qué hacer una vez ganara. Veamos.

Tan temprano como la primera semana de enero, Alejandro García Padilla reiteró su compromiso de convocar a la Legislatura a una asamblea extraordinaria antes del 14 de enero de 2013. O sea que dijo, en un acto sin precedentes, que mandaría a los legisladores a que se reunieran para atender asuntos importantes que no pueden esperar, antes de la fecha en que comienzan sus trabajos. Es como dicen en la calle, "ser unos guilla'os", "unos fiebrús", "ser los más más de los más mases". Según su plan, en esa asamblea extraordinaria se aprobarían las medidas de mayor urgencia como la ley de empleos y la reforma legislativa.

En una nota de prensa de *El Nuevo Día* se indicó que el primer día de trabajo, el 3 de enero, el gobernador sostuvo una reunión con su designado secretario de Justicia para discutir "la viabilidad jurídica de convocar una sesión extraordinaria antes del 14 de enero para dar paso a la reforma legislativa". O sea, ¿¡que el plan era hacer una sesión legislativa *antes* que la del 14 de enero y todavía el 3 de enero no solo no se había convocado sino que se estaban reuniendo para ver si era "viable"!? ¡No homb'e no!

De más está decirles que la asamblea extraordinaria que prometió García Padilla nunca se llevó a cabo.

Y para muestra un botón basta. Podría hablarles también de cómo a la edición de este libro Alejandro García Padilla no tenía un candidato para dirigir la Policía y le "rogaba" al superintendente nombrado por Fortuño que se quedara en el puesto. Oiga, una cosa es que al comienzo del gobierno usted no sepa quién va a dirigir la Junta Hípica para saber los caballos que hacen trampa en el Hipódromo y otra cosa es que usted no sepa quién va a llevar las riendas de la Policía de Puerto Rico cuando una de sus principales promesas de campaña es acabar con la criminalidad. Y mire, si es que los federales quieren que sea Pesquera, pues dígalo. Si es que hay un acuerdo en el caso que tiene radicado el gobierno federal contra el ELA por las deficiencias en la Policía pues lo dice y ya. Lo contrario, da la impresión de que el gobierno de García Padilla es un gobierno improvisado.

Tengan como ejemplo también el nombramiento del hoy Secretario de Estado, David Bernier y el del

Secretario de Desarrollo Económico y Comercio, Alberto Bacó Baguer.

Antes de ser nombrado Secretario de Estado, David Bernier había sido electo nuevamente Presidente del Comité Olímpico de Puerto Rico. En las vistas de confirmación en el Senado, cándidamente admitió que "le tomó por sorpresa su nombramiento" el cual se le había ofrecido durante la campaña a al menos dos personas y luego las dejaron en la estocada.

Por su parte, Bacó, según una nota de prensa de 30 de noviembre de 2012, dijo que: "[El gobernador electo] me preguntó: '¿Puedes crear 50,000 empleos en 18 meses?'... Mi contestación fue: 'No queda otra opción, hay que hacerlo'".

De las expresiones de Bernier y de Bacó solo se puede colegir una de dos cosas: (1) o que se estaban haciendo los changos pa' caerle bien a los periodistas; o (2) que en realidad no formaron parte activa de la creación de la plataforma de gobierno o no creen lo que allí se promete.

Ninguna de las dos explicaciones me tranquiliza y a mi juicio, tanto Bacó como Bernier dejaron entrever la improvisación del gobierno de Alejandro y que en esta administración no estuvieron preparados, ANTES de las elecciones, para el tostón que les tocaría administrar.

Y volviendo al asunto del Retiro y las agencias crediticias, vean lo que hizo el gobierno de Alejandro García Padilla.

Pues resulta que el verano antes de las elecciones del 2012, el entonces gobernador Fortuño había nombrado un comité compuesto por miembros del PNP y el PPD. Por el PPD, participaron los legisladores José Luis Dalmau y Luis Raúl Torres.

El propósito del comité era diseñar las estrategias que salvarían el sistema de retiro, o sea, decir de dónde se iban a recortar los chavos para arreglar las finanzas de la institución. Como ya las casas acreditadoras habían advertido que degradarían el crédito de Puerto Rico si no se hacía nada los penepés pensaron "bueno pues si vamos a recortar lo hacemos con los populares en el mismo comité para que no nos echen la culpa a nosotros solamente". Entonces los populares dijeron "lezna'eh, tú eres el que estás gobernando así que anúncialo tú, a mí no me metas que eso me va a hacer perder votos". Y entonces, los representantes del PPD abandonaron el comité sobre Retiro, mientras que los del PNP dejaron la cosa ahí para no perder votos y para que las resolviera el que ganara las elecciones.

Como Alejandro García Padilla ganó las elecciones, le dijo a las casas acreditadoras, "denme un *break* en lo que comienza mi gobierno que yo les voy a decir cómo vamos a salvar retiro". Y así fue, las casas acreditadoras esperaron la reunión con Alejandro. En mi opinión esto fue una irresponsabilidad enorme de Alejandro y el PPD. El asunto de Retiro era un asunto de ambos partidos y el PPD solo se levantó de la mesa luego de escuchar las propuestas de la gente de Fortuño, Batlle del BGF y Mayol de Retiro, y convirtieron en un asunto principal de la campaña el tema de que Fortuño le daría un tutazo a los viejitos. Igual que Aníbal hizo con Rosselló y el *sales tax* que lo usó como tema principal de campaña para dos años después hacer lo que juró jamás acceder.

Pues sepa que a la reunión con las casas acreditadoras, en lugar de llegar con un proyecto de ley aprobado con todas las estrategias para salvar a Retiro, los representantes de García Padilla llegaron con "ideas" solamente. Es como cuando usted estaba en la escuela, lo mandaban a dar un informe oral y usted hacía un papelón porque no había hecho na' y trató de hacer una chapucería antes de entrar a clase. De la misma manera que con toda seguridad a usted le rasparon la "D" o la "F", las casas acreditadoras degradaron el crédito del gobierno de Puerto Rico y lo amenazaron de que, si las cosas seguían como iban, degradarían el crédito a chatarra.

De hecho, estoy convencido de que la única razón por la cual nuestro crédito no ha bajado a chatarra se debe a que de toda nuestra deuda, al menos hay 40 billones que están en manos de empresas norteamericanas que compran en el llamado *"Muni Market"*. O sea, si se degrada el crédito no solo Puerto Rico va a coger un cantazo, otro cantazo igual o más grande se lo van a llevar esas empresas que confiaron en Puerto Rico y créanme, las consecuencias de tal cosa es conocidísima por las casas acreditadoras y lo piensan bien antes de decidir. De paso, siempre usted va a escuchar que los bonos de Puerto Rico se venden bien rápido y eso es por una razón bien sencilla. Somos los más que le pagamos y no hay que pagar contribuciones sobre la ganancia. O sea, mientras otros estados pagan 4% de interés a los bonistas, Puerto Rico paga 6% o más. A 30 años en una inversión de 100 millones la diferencia son 60 millones, así que somos un negocio redondo a la vez que garantizamos en nuestra Constitución que pagamos primero la deuda y después cualquier otra cosa. Así que para los inversionistas históricamente hemos sido un *filet mignon*.

Otro ejemplo de improvisación ocurrió con la Ley de Empleo Ahora. Alejandro se pavoneó diciendo que la Ley 7 de Fortuño fue una Ley de Despidos, pero que su Ley 7 sería una Ley de Empleos, por lo que había hablado con la Legislatura para que coincidiera el número siete de su administración con el siete de la administración Fortuño y de manera cursi y clichosa hacer contraste. Pues mire si el gobierno va lento que esa fue la Ley 1, no porque fuera la más importante, sino porque no había ningún otro proyecto prometido que estuviera adelantado y peor aún, la propia Ley 1 mientras estaba en la Legislatura tuvo que ser enmendada en tantas y tantas ocasiones que el propio ex Portavoz del PPD, el Representante Luis Raúl Torres, dijo que era mejor presentar un Proyecto Sustitutivo. O sea, que lo que enviaron de Fortaleza había que cambiarlo tanto y tanto que ya era un Frankeinstein que no parecía al original y era mejor cambiar la cosa y empezar de nuevo.

Y si seguimos contando no acabamos. En marzo de 2013, la titular del departamento de Hacienda, Melba Acosta, anunció como la nueva estrategia de la agencia que iban a comparar las formas de retención W-2 que los patronos enviaban, con las planillas que radicaban los empleados. Según ella, la gente estaba reportando menos de lo que los patronos reportaban y ahí estaban muchos de los chavitos que el gobierno necesitaba para cuadrar el déficit. ¡Por Dios! ¿Significa entonces que el gobierno nunca ha podido comparar por el seguro social la trampa que hacen muchos asalariados y que no han hecho nada por perseguirlos? Por otro lado, ¿en realidad piensa Acosta que ese montón de asalariados que no reportaron a Hacienda, y por tanto le deben dinero, le van a llevar un chequesito tan pronto ella les mande una carta? Prefiero pensar que la movida de

Acosta es una estrategia mediática para evitar que se repita el truco en años venideros y no que esta dama piensa cuadrar el presupuesto con los bolsillos vacíos de la clase trabajadora.

Conclusión; el gobierno de Alejandro no estaba preparado para gobernar. Sólo se prepararon para ganar las elecciones.

En fin, me preocupa mucho que todo esto esté pasando y que como País no sepamos el momento que nos ha tocado vivir. Me preocupa que los partidos y los políticos no estén poniendo de su parte para hacernos ver esta situación, mucho menos para resolverla adecuadamente. Es indignante ver al PNP tener amnesia como si desde enero para acá ellos no fueran responsables de nada de lo que ha pasado, y el PPD usando los mismos argumentos que antes criticaba al PNP.

Nos parecemos a los que luego de un temblor se maravillan por la manera en que el mar retrocede y por los muchos objetos y especies que contiene el fondo del océano, ahora al descubierto. Ignorantes, desconocen que el mar se ha echado atrás para volver con furia en forma de tsunami y en vez de salir a correr por su vida, quedan prestos a morir ahogados.

VII.

75 SOLUCIONES A LOS PROBLEMAS DEL PAÍS

En Puerto Rico llevamos ya casi una década viendo el fondo del océano, las especies raras, las Maripilys de la vida, los objetos extraños y las Bodines y los Miguel Ferrer. Mientras, va haciendo su entrada la ola enorme, cobrando la vida de cientos de espectadores, de asalariados y asalariadas que son despedidos de sus empleos, de jefes y jefas de familia a las que les recortan sus ayudas, de pensionados y pensionadas que pierden beneficios, de estudiantes que encuentran menos ayudas para estudiar, de dueños de negocios que ven sus pequeños capitales hacerse añicos. Unos, los que toman el avión y engrosan las estadísticas de emigración, se han salvado. Otros, los que quedamos, tenemos por delante la difícil tarea de enterrar a nuestros muertos y reconstruir el País.

Otros países han estado en esta situación y han salido. La crisis de Finlandia del '92, la de Irlanda del '83, más recientemente Islandia y tantas otras incluso peores como los países que han sufrido las guerras civiles y de independencia los siglos 19 y 20. Puerto Rico puede echar hacia adelante, pero no con estribillos ni con partidos insensibles, inamovibles y ciegos; sino con un verdadero plan, pensado, concertado y efectivo.

Y para dar el empujoncito, 75 ideas que pienso podemos aprobar e impulsar inmediatamente para comenzar a encarrilar al País. La 75, como es de esperarse, está en blanco, pues llenar esa les toca a ustedes, mis queridos lectores y lectoras.

1. **Cambiar la papeleta legislativa para que no sea por columnas de partidos, sino que se elija a cada persona por sus características y cualidades individuales.** En otras palabras, que no aparezcan en la papeleta las insignias de los partidos sino sólo los nombres de los candidatos, por sorteo. En el Estado de Nebraska así funciona y no se le ha caído un brazo a nadie.

2. **Hacer una Convención de País sobre tres temas en específico.** Por una semana citar a expertos y expertas a Puerto Rico para que se presenten al país los estudios sobre educación, salud y criminalidad que se hayan hecho alrededor del mundo y las cosas que han funcionado y las que no. Televisar dichas vistas públicas para que el pueblo pueda ver cada una de las propuestas e ideas y el cuestionamiento sobre su posible implementación en la Isla. Todo el

primer mando político de los partidos principales inscritos se sentarían a escuchar y de todas las ideas basadas en estudios y trabajos ponderados que se presenten, se escogerían 10 de cada tema. Se llegaría a un acuerdo de que gane quien gane las elecciones esa será la estrategia que se implementaría en esas tres áreas y se escogería también a las personas que estarían dirigiendo cada esfuerzo. De esa forma nos aseguramos evitar el vaivén político a la vez que se forma una estrategia de país mucho más que una estrategia de política pública de cuatrienio en cuatrienio.

3. **Declarar un sistema de emergencia productivo.** Enfocando el sistema actual para que mientras no salgamos del estancamiento económico en el que estamos, todo esté dirigido a la producción de riqueza, dando prioridad a las personas que trabajan y dueños de sus propios negocios. Por ejemplo, una medida que se puede tomar es dar un turno de preferencia a las personas que trabajan y producen en el País de la misma manera que se le da a los envejecientes e impedidos en las dependencias gubernamentales, mostrando evidencia de empleo (talonarios, id, etc.). Un minuto que pierde una persona que trabaja en una fila de gobierno es un minuto que esa persona no produce para el país.

4. **Igualar la educación pública a la privada.** Creo en ponerle un impuesto sumamente elevado a las instituciones de educación privada para que se use ese dinero en igualar las escuelas públicas a los colegios privados de mayor prestigio en Puerto Rico. Desgraciadamente, no hay otra forma de igualar el acceso a oportunidades y no veo razón alguna por la cual si en la Constitución prohibimos el discrimen por origen social no veamos la realidad de que automáticamente en el sistema educativo estamos discriminando cuando sabemos que en nuestras escuelas no se enseña al nivel de competitividad global que se requiere. De alguna forma tenemos que dar equidad en oportunidades, y de esta forma nos aseguramos de que la mayor parte de las personas pudientes o envían sus hijos e hijas a escuelas públicas, o pagarán un alto nivel de impuestos. No tengo duda de que cuando los hijos e hijas de los sectores privilegiados vayan a las mismas escuelas y que estas tengan que ser relativamente iguales, la educación pública mejorará sustancialmente.

5. **Crear el *e-government*.** Un gobierno que todo esté disponible digitalmente y por aplicaciones de celulares. Podemos poner a los empleados y empleadas de hacienda a fiscalizar mayormente y no a atender personal cuando todo está digitalizado. Por ejemplo, sellos de rentas internas, radicación

de demandas, pago de multas de tránsito, pago de planillas, todo debe ser digital. Esto nos ahorraría enormes sumas anuales.

6. **Eliminar la partidocracia.** Facilitar la inscripción de partidos para diluir el poder que tienen los dos partidos tradicionales. A la misma vez, crear un sistema para que las decisiones en la Comisión Estatal de Elecciones no las tomen exclusivamente los partidos inscritos, sino que puedan participar también ciudadanos representantes del interés público. Además, las vistas de la CEE deberán ser públicas.

7. **Regular la manera en que se conduce en Puerto Rico para que se respeten las normas de tránsito.** En la medida en que más personas violan las normas de tránsito, más tráfico se genera y más tiempo le toma a las personas que producen desplazarse de un lugar a otro. Por ejemplo, al obtener una licencia de conducir, el ciudadano mantendría una cuenta bancaria o tarjeta de crédito vigente de la cual se pueda debitar automáticamente cualquier multa que no se apele exitosamente. Estas multas deben ser atadas a un por ciento del ingreso de la persona haciendo que la cantidad duela igual a ricos ya pobres como ocurre en Finlandia. También el gobierno podrá cobrar la multa descontándola del dinero que

se recibe de ayudas gubernamentales, reintegros de hacienda, etc.

8. **Hacer más sencillos los procesos del gobierno para renovaciones de licencias y radicación de impuestos.** ¿Por qué hay que esperar a recibir el talonario de la licencia del carro por correo y no podemos simplemente pedirlo donde vamos a pagar y que allí se imprima? Digitalizar esto no debe costar mucho y no veo cómo no se ha hecho ya. Esto, en lo que montamos el *e-government*.

9. **Multar a la AEE y la AAA por cada hora o fracción de hora que mantengan negocios o sectores de producción sin servicio de luz o agua.** Luego, reembolsar lo que se reciba de esas multas a los afectados. Esto parece tonto al principio, pero si hacemos obligatorio que no puedan terminar en déficit, ni pasar esto adelante, se ajustarán so pena de perder beneficios en la corporación pública.

10. **Ir eliminando las contribuciones sobre ingresos y a su vez establecer un impuesto al consumo y a la propiedad más alto, bien fiscalizado.** Esto por dos razones. En primer lugar, porque el ingreso es sumamente difícil de rastrear o fiscalizar mientras que las propiedades (*real estate*) y el consumo son más fáciles de identificar y obligar el pago. En segundo lugar, porque eliminar un impuesto al

ingreso equivale a dejar de castigar al que trabaja/
produce, fomentando así el ahorro y con ello la
inversión y los pequeños negocios. Creo que regresar
al 6.6% hoy día es más eficiente que dejar el IVU
porque el arbitrio que se cobra en el muelle sin
exclusión alguna se puede fiscalizar más fácil y con
menos gastos. Luego se podría poner un sistema
de créditos que devuelve parte del dinero pago. El
efecto cascada del cual antes se hablaba del 6.6% ya
no ocurre al nivel que antes se registraba porque las
megatiendas que generan la inmensa mayoría de las
transacciones se distribuyen a sí mismas. He dicho
que un 10/10/10 sería mejor que lo que tenemos,
no he corrido modelos al respecto, pero me parece
en teoría mejor y más fácil de fiscalizar. El 10% al
consumo en el origen o en la caja como el IVU, el
10% de ingresos en el origen sacado de inmediato en
el cheque facilitando el trabajo de Hacienda y con
eso eliminamos que se tenga que hacer planillas y
10% de la propiedad que se interpreta solo.

11. **Condicionar incentivos gubernamentales a empresas foráneas.** Como requisito a los incentivos
recientes que han recibido megatiendas se condicione
a que como parte de su plan de negocios tengan
que incluir el exportar productos locales para
vender en sus tiendas en el exterior. De esa manera,
promovemos que se genere riqueza para el país y si

le vamos a dar algo a esas empresas que nos den en igualdad de condiciones.

12. **Convertir a la Universidad de Puerto Rico en el centro de desarrollo socioeconómico del País.** Me explico. Hay que dar taller a los estudiantes y profesores para que asistan a los sectores productivos. Por ejemplo, si la Universidad ofreciera gratuitamente servicios de ayuda a obtener permisos, estudios de necesidad, etc., se abaratarían los costos de hacer negocios en el País. Esto obviamente a negocios que estén comenzando o *start ups* en lo que logran crear su mercado. Ayudar en creación de patentes, de inscripción de derechos de autor, registros de marcas, etc. Me parece que el Secretario de Estado va por esa línea.

13. **Obligar a las agencias de gobierno a que al menos 20% del presupuesto destinado a asesoría lo paguen a la academia.** Es como cuando el gobierno obliga a los municipios a que parte del dinero para grupos musicales en las patronales los gaste en música autóctona puertorriqueña o cuando se obliga al Departamento de Educación a que compre comida de agricultores del País. De esa manera se crea un taller para el estudiantado y la academia local y se asegura que la asesoría gubernamental no será dada

por meros alcahuetes y políticos derrotados que solo están pendiente del billete.

14. **Darle rango constitucional a la Oficina del Panel Sobre el FEI.** Hacer que sus miembros sean personas electas por el pueblo y que no puedan tener vínculos con ningún partido político o contrato (por sí o por agente o persona jurídica) con el gobierno, por al menos cinco años antes de la elección de todos sus miembros.

15. **Prohibir que una misma persona pueda ganar más de $5,000 al mes en contratos con el gobierno y que no pueda ganarlos a través de corporaciones suyas.** Solamente se permitirán contratos en exceso de ello cuando una comisión de todos los partidos inscritos y un miembro del interés público unánimemente lo autoricen. Esto porque se reconoce que hay áreas de peritaje que así lo ameritan.

16. **Prohibir que personas que se dediquen al cabildeo utilicen efectivo en su vida profesional o personal de manera que puedan fiscalizarse todas sus transacciones.** La mera tenencia de efectivo sería delito para estas personas. Suena fuerte, pero más fuerte es que estas personas anden por ahí buscando al próximo De Castro Font. Y si me dicen que es inconstitucional, yo respondo que lean *Casiano* v. *Borintex*, 133 DPR 127 (1993).

17. **Separar a las compañías aseguradoras de salud de la prestación de servicios médicos del gobierno.** Establecer un sistema de pagador único, como Medicare. Esto si se hace bien es un éxito enorme, no se ha hecho porque precisamente las aseguradoras no lo permiten por su intenso cabildeo.

18. **Crear un ente regulador de la política educativa del País y entregar la administración de cada unidad escolar a sus directores.** De esta forma cada escuela sería auditada y constantemente evaluada, pero no entorpecida en la labor magisterial y del Consejo Escolar junto al Director/a.

19. **Eliminar el derecho propietario a permanencias en el gobierno y que la permanencia sea igual que en las empresas privadas.** Es decir, que anualmente se evalué por resultados objetivos, exámenes y encuestas de servicio al cliente para que la persona que se encuentre en el servicio público tenga que saber que de no ofrecer el mejor servicio será sacada de la posición. Particularmente, en el caso del magisterio esto es importante ya que de no hacerse evaluaciones continuas de calidad de docencia y ver resultados objetivos y exámenes de dominio de materias y capacidad de enseñanza se arriesga a que el estudiantado no esté obteniendo la tan importante

enseñanza y sobre la cual se cimenta todo el sistema del país.

20. **Crear una unidad no partidista que identifique y dé seguimiento a las propuestas de fondos federales que solicita y recibe el gobierno cada año.** Perdemos millones largos en cada cambio de gobierno ya que no contamos con personas especializadas en identificar y competir por estos fondos. En muchos estados esto funciona así precisamente porque conocer todos los programas federales y requisitos es altamente complejo y ese cambio continuo es un disparate.

21. **Consolidar la gestión administrativa municipal en unidades más grandes que comprendan varios municipios para abaratar costos.** Es decir, regionalizar municipios y todo municipio que tras cinco años no pueda salir de un déficit tendrá que eliminarse su alcaldía dejando la estructura municipal, pero su administración fusionarse con el municipio solvente más cercano.

22. **Prohibir el "nepotismo cruzado".** Esto es, que la esposa del senador X trabaje en la oficina de la senadora Z y que el esposo de la senadora Z trabaje en la oficina del senador X. La pena de cometer dicho delito sería 25 años de cárcel.

23. **Legalizar la marihuana, despenalizar la cocaína y heroína.** Atendiendo a los narcodependientes de forma intensa con medicalización y de la misma manera que se atienden a los alcohólicos, a los adictos al juego y al tabaco, etc. Implementar un sistema parecido al de Suiza que quienes están bajo el tratamiento por adicción tengan que trabajar en agricultura y con ello pagan por el servicio que reciben a la vez que se le va bajando la dosis con pruebas periódicas de cumplimiento hasta que se le rehabilite.

24. **Separar un porciento de la tajada del presupuesto anual que recibe la Rama Judicial.** Entregar ese porciento a las organizaciones que brindan servicios legales gratuitos o a bajo costo como Servicios Legales de Puerto Rico, las Clínicas de la UPR, el Instituto Legal, Pro Bono y la Sociedad de Asistencia Legal para acabar con su crisis presupuestaria y garantizar que todos tengamos acceso a un abogado en casos civiles y penales.

25. **Prohibir la contratación de empleados públicos por palas.** Crear un sistema de oposiciones y exámenes donde los candidatos que mejor calificación obtengan en un examen para entrar al servicio público sean los que puedan ocupar las plazas y no a base de llamadas de legisladores/as a las agencias como ocurre hoy.

26. **Permitir que las cooperativas de ahorro y crédito pueda dar servicios a corporaciones.** Hoy solo pueden servir a personas de carne y hueso, para que puedan generar más ingresos y ser un actor más fuerte en nuestra economía. Ver el modelo de Mondragón para detalles.

27. **Del PAN al trabajo.** Identificar las personas aptas para trabajar que están desempleadas y reciben cupones y otras ayudas, de manera que el gobierno las pueda reclutar para tareas que nadie quiere hacer como recoger café, limpiar las vías de rodaje, etc. —claro que se les pagaría por ello—. No hacer estas tareas implicaría retirarles los beneficios del gobierno. Además, quienes genuinamente no puedan hacer tarea física como ayudar en las filas de comedores escolares y demás, podrán aportar a través de gestiones administrativas como llamar por teléfono a padres y madres de estudiantado ausente a escuelas públicas y saber sus razones para ausentarse, entre otras.

28. **Fomentar la emigración inteligente de pensionados a otros estados de EEUU.** Se aportaría una cantidad para su traslado y establecimiento en la otra jurisdicción donde puedan darle mejores servicios que los que reciben aquí. Usted puede pensar que esto es inhumano, pero lo cierto es que es bien inhumano

dejar que personas de la tercera edad la estén pasando duro después de haber trabajado tanto sabiendo que aquí no seremos capaces por unas cuantas décadas de darle mejor calidad de vida.

29. **Fomentar la inmigración hacia Puerto Rico de personas con capacidad para producir, incentivando su mudanza a la Isla y evitando acelerar aún más el *brain drain*.** La UPR deberá tener un comité que se encargue de conseguir personas alrededor del mundo que sean investigadores/as, científicos/as, inventores/as, y que se les otorgue un incentivo para la compra de una residencia en Puerto Rico y para que se establezcan en el País, a cambio de que su patente sea desarrollada, producida y distribuida desde Puerto Rico con una participación de las ganancias del producto. Actualmente hay varias leyes que apenas se han usado para atraer científicos y demás, esto tiene que ser punta de lanza de nuestro desarrollo. Actualmente, por ejemplo, Singapur tiene un programa similar y es impresionante ver como se llevan a los mejores talentos disponibles.

30. **Volver al legislador a tiempo completo.** Fijar por ley que el salario de los legisladores/as nunca podrá ser más que el promedio del salario que ese legislador/a recibió en los cuatro años inmediatamente anteriores a haber sido electo. O sea, que si su salario durante

los cuatro años anteriores fue de salario mínimo, ese será el salario que se le pagará.

31. **Eliminar las tarifas fijas o limitadas que se le cobra a ciertos clientes de la AEE o la AAA como los municipios y las iglesias.** Que todo el que consuma, tenga la obligación de estar consciente de lo que gasta y que pague en proporción al consumo.

32. **Que el Secretario/a de Justicia sea electo por el pueblo por un término de siete años y que esta persona no pueda ser renominada a ese o a ningún otro puesto público.** Además, por tres años no podrá tener contratos o empleo con el gobierno o con ninguna agencia privada que haya estado sujeta a su investigación. Igual lo propongo para la Oficina de Ética Gubernamental y la Contraloría —en este caso sería por 10 años por disposición constitucional—.

33. **Prohibir que cualquier persona en el gobierno pueda ganar sobre 70 mil dólares anuales.** Ya sea esto en el gobierno central, agencias, instrumentalidades o corporaciones públicas, salvo que una comisión compuestas por miembros de todos los partidos inscritos y un representante del interés público electo/a por el pueblo unánimemente determinen que el puesto es de tal peritaje que merece un pago adicional a eso. Ejemplo, investigadores que

se traigan de fuera del país para fines de fomentar y convertirles en tutores de investigación local, jueces del Tribunal Supremo, presidentes del BGF, etc.

34. **Convertir cada escuela en un centro de desarrollo comunitario y las 3:00 pm transformarla.** Convertirla en un lugar donde cada persona en la comunidad tenga una labor social y que sirva como motor de búsqueda de alternativas cognoscitivas para adiestrar a nuestra gente desempleada para que pueda hacer por sí un nuevo taller. A las 3:30 pm, personas desempleadas de la comunidad irían allí a aprender nuevos oficios técnicos con alta demanda, como energía renovable, enfermería práctica, etc. Estudiantes de la UPR, como parte de los requisitos de graduación en su último año de clases, tendrían que sacar tres horas a la semana para dar talleres prácticos en nuestras escuelas de la comunidad, para enseñarle a nuestra gente oficios y disciplinas. Los fines de semana irían a la escuela para dar talleres de derechos civiles, clínicas de salud, inversiones y llevarían obras de teatro y artes para estimular la sensibilidad como nunca antes. Mientras, unos universitarios darían los talleres a padres y madres bajo supervisión de la academia, otros darían tutorías a menores en las materias básicas de 3:00 a 4:20 pm y de 4:30 a 6:00 pm se ofrecerían talleres de artes, teatro, música y deportes de forma entretenida. Una

vez a la semana, luego de las 7:00 pm, se declamaría, se harían obras comunitarias, noches de talento y bisemanalmente se harían reuniones sociales para discutir planes anticrimen comunitarios, ayuda a los menos afortunados y se tendría contacto constante entre padres y madres con los maestros.

35. **Pagarle al magisterio 70 mil anual eliminando todos los puestos burocráticos innecesarios.** Enviar a las escuelas esos fondos y personal administrativo actual dando total autonomía al director y consejo escolar como ya hemos discutido. Solo podrían llegar a la honorable profesión magisterial quienes pasaran exámenes rigurosos demostrando no solo que son personas capacitadas con conocimiento, sino que tienen la aptitud de dar clases, pues no es lo mismo tener el don de conocer que el don de saber enseñar lo conocido. El maestro y la maestra estarían sujetos/as a permanencia solo como en la empresa privada y se verificarían continuamente sus destrezas, capacidad y aptitudes de enseñanza con resultados objetivos examinados y la evaluación periódica de su trabajo por la comunidad escolar. Para entrar a las escuelas de pedagogía a nivel universitario se tendría que tener el más alto IGS, más que medicina, ingeniería o derecho.

36. **Ordenar la publicación mensual de todo el gasto específico del gobierno en una página de internet de la Contraloría.** Que cada centavo que se gasta en fondos públicos pueda ser escrutado inmediatamente por el pueblo y no tenga que esperar años en lo que se realizan las auditorías. OGP tiene una unidad de auditorías que debe hacer esto mensual como poco trimestral.

37. **Publicar de inmediato datos específicos de gastos.** Ejemplos, las facturas que justifican la erogación de fondos públicos de cada contrato, así como cada gasto en viajes, publicidad, y cualquier otro gasto debe estar de inmediato disponible el costo del pasaje, personas que participaron, igual que en los medios que se pautó, el gasto de todo, etc. No hay ninguna razón para que esto no ocurra de esta forma, que no sea la intención de encubrir el gasto público.

38. **Eliminar la publicación de edictos en los periódicos.** Comenzar a publicar los edictos en páginas de internet donde sea mucho menos costosa la publicación de ese tipo de información. Sé que los periódicos gritarán, pero no es real la quimera jurídica de que todo el mundo lee el periódico y por el contrario, sí es más probable conseguir en internet en un *search* información sobre la persona en edictos que en un periódico. Los fondos que se obtengan

de estas páginas, se utilizarían para subsidiar las entidades que ofrecen servicios legales a bajo o moderado costo.

39. **Crear un Fideicomiso Perpetuo de Incubadoras de negocios adscrito a la Universidad de Puerto Rico.** La UPR tendría que fomentar el empresarismo mucho más que la administración de empresas. Es hora de que hagamos un sistema parecido al de Aalto University en Finlandia.

40. **Cambiar dramáticamente la selección de jueces y juezas.** Hacerlo por un sistema de oposiciones y exámenes de entrada donde para usted poder llegar a ser juez o jueza no sea por nombramiento de las ramas políticas, sino que si usted fue a una escuela de judicatura, demostró en exámenes su pericia y capacidad, obtuvo las mejores calificaciones y con un sistema de paneles y oposiciones siendo la persona con mejor promedio sea usted entonces la próxima persona en entrar cuando surja una plaza en la judicatura. Este sistema se utiliza en muchas partes del mundo precisamente para evitar la política partidista en el sistema judicial. Obvio que esto requiere una enmienda constitucional, pero ambos partidos atribuyen criterios partidistas a los jueces —como en el caso de Retiro y su certificación donde el PPD presionó al Supremo y el PNP a la jueza

de instancia— alegando ambos partidos que había motivaciones políticas.

41. **Enmendar la Constitución y prohibir totalmente cuadrar presupuestos a base de préstamos.** Ya sea en el gobierno central, corporaciones públicas, municipios, instrumentalidades, o cualquier otro mecanismo público. También se debe prohibir subterfugios parecidos como líneas de crédito, emisiones de bonos, etc., para cuadrar presupuestos. La tentación política de sobre gastar para ganar elecciones hay que matarla. La pena de cárcel de hacer esto debería ser cadena perpetua, pero me conformo con 20 años de cárcel.

42. **Eliminar totalmente los puestos gubernamentales en las juntas de los sistemas de retiro de empleados públicos.** Que sean los propios beneficiarios quienes escojan a las personas que deben dirigir los fondos de pensiones y retiro para evitar la influencia político partidista en estas funciones inherentes solamente a quienes deben estar vigilantes de sus propios retiros. Probablemente, debe haber una posición sin paga para el Secretario/a de Justicia para asegurar que no haya el más mínimo intento de timo. De esta forma, la estructura de beneficios sería establecida por las mismas personas que tienen que asegurar la salud fiscal del sistema y a la vez se prohibiría que

funcionen de forma deficitaria. La pena por actuar contrario a esto debe ser la pena de muerte, pero me conformo con 50 años de cárcel a toda persona que traquetee con el retiro de nuestra gente mayor.

43. **Mantener la veda electoral todo el cuatrienio.** Solo se podrán hacer anuncios del gobierno que sea única y exclusivamente necesarios e indispensables y por tanto aprobados por unanimidad de todos los partidos inscritos y una persona electa que sirva de representante del interés público.

44. **Multar empresas, personas y todo ente social que no recicle.** Fiscalizar por la Autoridad de Desperdicios Sólidos y por una persona puesta allí, en representación de organizaciones ambientalistas como Sierra Club. La multa deberá ser a base del volumen de negocios, ingresos y se impondrá también pena de cárcel a quien tenga repetidas violaciones. Algún día, no tengo duda, será un delito grave no reciclar. Las penas tienen que ser severas pues, desde 1993 se aprobó por ley, reciclar el 35% para el 2000 y ya estamos en el 2013 y la tasa está en el 12%. Probablemente tengamos que aprobar tarde o temprano un sistema de imputación de responsabilidad absoluta a los productores y distribuidores para que tengan que asegurarse de que

su producto una vez se genera se tiene que reciclar y/o disponer por ellos mismos.

45. **Otorgar total y absoluta autonomía a la Junta de Planificación y al Instituto de Estadísticas.** No puede ser que nombramientos políticos controlen los datos oficiales del gobierno y los manipulen como ya han hecho. Quienes estén en esos puestos deben ser personas escogidas por la academia en consenso de las instituciones académicas acreditadas en Puerto Rico. Además deben contar con representación de una persona del gobierno central para que sin derecho al voto pueda tener acceso a la información de forma certera, ágil y privilegiada y las vistas y justificaciones de los cálculos deben ser grabadas públicamente.

46. **Hacer públicas las vistas de todas las corporaciones públicas e instrumentalidades y juntas del gobierno.** Se debe permitir acceso a las mismas por internet. Me refiero a desde la compra de libros para el Departamento de Educación y la Junta para esos fines hasta la AAA, AEE y todas. No hay razón alguna para que las minutas y las vistas de corporaciones que son monopolios y no tienen competencia tengan que ser en privado. Hacer este proyecto de ley no debe cogerle más de 40 minutos a un legislador promedio.

47. **Obligar por ley que los jueces y juezas tengan que justificar en derecho y por escrito cada una de sus determinaciones de no causa.** El pueblo merece saber cuando un tribunal decide dejar libre a alguien sin restricciones alguna qué fue lo que motivó su determinación. Además, ya hay un sistema conectado de grabación, por lo que la ley debe obligarle a jueces y juezas a utilizarlo y dejar en el registro todo lo que ocurre, sobre todo en las Salas de Investigación. Igualmente, el FEI tendría que justificar en derecho cuando decide no radicar acusaciones contra alguien, porque hasta hoy solo dice que no lo hará y merecemos más que eso.

48. **Prohibir tajantemente que se otorguen bonos de productividad para cualquier agencia, corporación pública, instrumentalidad, municipio o cualquier otra institución pública que se encuentre en déficit.**

49. **Eliminar los biombos, sirenas y cualquier otro dispositivo que permita que se le de privilegios en la carretera a funcionarios/as públicos.** Todo funcionario/a público que quiera que se le paguen los gastos de transportación tendrá que utilizar el servicio público de transportación con la excepción del gobernador/a en funciones, presidencias legislativas y el presidente/a del Tribunal Supremo de Puerto Rico. Las demás personas, que paguen de sus

bolsillos el gasto o usen transportación colectiva y se le reembolsará lo gastado.

50. **Crear un sistema de guaguas verdaderamente eficiente y olvidar la idea de seguir haciendo trenes.** El modelo debe ser el de la ciudad de Curitiba en Brasil donde también la idea era llevar mucha gente de punto A a punto B de manera colectiva, pero no habían muchos billetes. ¿Por qué gastar mucho más de 400 millones en un tren para una cortísima distancia cuando con un excelente sistema de guaguas de calidad global hotelera gastamos muchísimo menos y logramos lo mismo, pero para todo el país? Claro, hay que crearles un carril exclusivo y una demanda asegurada. Y eso lo logramos usando un carril de la PR-1 o la PR-52 que hoy esté en uso y lo convertimos en uso exclusivo de guaguas. Claro que se va a crear tremendo tapón cuando uno de los carriles sea sólo para guaguas y no para carros. De ahí precisamente es que saldrá la demanda para que la gente se vea obligada a usarlas. Claro está, las guaguas serían de calidad mundial, con aire central, televisor y todo, tú sabes, como las de Disney, y que salgan cada cinco minutos sin fallar las rutas y horarios con seguridad interna. Vamos, si en tantos países del mundo lo hacen, por qué Puerto Rico no puede hacerlo mejor.

51. **Eliminar algunos días feriados.** Conmemorar la vida de esa persona célebre en las escuelas y trabajos, no cerrando los talleres, sino enseñando las hazañas de dicho prócer en el propio taller y estudiar en las escuelas su vida y obra. Se deberán hacer obras y dramatizaciones, estudiar los defectos y virtudes, hacer lecturas sobre las hazañas de esa persona, etc. De esa forma realmente le honramos y recordamos. A cambio de eso se puede aumentar en días de vacaciones al menos cinco días mandatorios.

52. **Enfatizar enormemente el bilingüismo en la educación.** Ejemplo, cambiar nuestro sistema educativo en ciencias para que tenga que ser en inglés o leer las obras literarias en su lenguaje de origen. Francamente, este debate es ridículo. El idioma comercial global es el inglés y no tiene nada, absolutamente nada que ver con si somos o no colonia. Obvio, que si tenemos relación con EEUU más apremiante aún es dominar su idioma, pero tenemos que aprender eficientemente ese idioma porque Inglaterra conquistó 2/3 partes del mundo hace mucho tiempo, haciendo del inglés el idioma internacional. Aprender mandarín, francés y alemán debiera estar en la lista también, pero por lo menos asegurémonos del inglés y español. Si algo me ha sido personalmente un impedimento en mis estudios, ha sido el poco dominio del inglés

en contraste con algunos compañeros/as quienes su nivel de dominio me ha hecho saber lo rezagado que estamos en general porque yo estoy muy por encima del boricua promedio en cuanto a inglés se refiere sobre todo porque nací en Chicago, Illinois y para nada tuvo que ver con que en la escuela de Jagual me enseñaron.

53. **Hacer una campaña que haga a científicos, investigadoras, arquitectas, ingenieros, empresarios y demás profesionales boricuas destacados como la meta a seguir.** Algo que sea alcanzable por todos y todas, porque no todo el mundo puede ser artista. Hay que hacer de estos y estas profesionales los ídolos por encima de Ricky Martin, Benicio del Toro o Javier Culson. Nada de malo ser cantante o atleta, pero menos del .01% de la gente puede dedicarse a eso en su vida. Actualmente, EEUU tiene un serio problema en profesiones técnicas que pagan muy bien, pero nadie las quiere hacer como plomería, operador de máquinas gigantes de construcción, etc. Puerto Rico anda en las mismas y eso tiene que cambiar porque se puede ser una persona muy exitosa haciendo estas profesiones técnicas y en la sociedad debemos apreciarle como tal.

54. **Prohibir el financiamiento privado de las campañas electorales.** Tres de cada cuatro países en

el mundo tienen un sistema donde el gobierno paga la campaña para evitar que políticos estén continuamente buscando donativos. Usted pensará que usted no le quiere pagar la campaña a políticos, pero todo el mundo sabe que muchos de los contratos del gobierno se conceden para lograr estos famosos donativos durante la campaña. Así que, es mucho mejor pagar la campaña política de forma modesta y usar el Canal 6 y los medios del gobierno en vez de permitir el político limosnero/a. En Japón se prohíbe que si una empresa tiene contratos con el gobierno done a campañas y solo se puede donar durante la campaña, no todo el cuatrienio. En Europa se usa la televisión y radio del gobierno gratis para la campaña, debates y conferencias de prensa. Usemos esos modelos para comenzar.

55. **No todo el mundo nació para tener hijos.** Tenemos que buscar la forma en que nazcan menos niños y niñas en ambientes no deseados. Particularmente tras el estudio del Dr. Steven Levitt y el Dr. John Donohue que demuestra que tener niños o niñas indeseadas fomenta enormemente que sean personas violentas. Sabiendo que la abstinencia se debe predicar, pero reconocer pragmáticamente la realidad, se debe fomentar métodos anticonceptivos, la educación sexual, endosar socialmente que lo más responsable si no eres capaz de criar es dar

en adopción e incluso hacerle saber a las personas
que la terminación de embarazos es un derecho
constitucional máxime en casos de incesto y
violación donde aún en esos casos nuestra sociedad
los condena. De paso, tenemos que proscribir ayudas
a base de la procreación irresponsable.

56. **Dejar una sola oficina para asuntos administrativos del Departamento de Recreación y
Deportes y la Oficina de Asuntos de la Juventud y
cerrar las demás.** El personal de estos departamentos
deben ir a las comunidades y allí abrir las canchas,
parques, centros de arte, cines, etc., para luego de las
3:00 pm convertir a ese personal en los que dirijan
pequeñas ligas, murales, obras, etc.

57. **Resolver el problema del estatus.** Propongo una
consulta de status cada seis años y la que gane esa
será la que iremos a solicitar al Congreso y exigir su
cumplimiento de ganar un cambio en el status actual.
Mientras tanto, todas las ideologías respetarán dicha
determinación del pueblo por los próximos seis años,
donde nuevamente se consultará al respecto mientras
no se llegue a una finalidad en el asunto.

58. **Exportar energía al Caribe.** La única explicación
lógica que uno le puede encontrar a que aún la AEE
no haya hecho el *grid* interconector del Caribe es
que quieren evitar la regulación federal total del

Federal Energy Regulatory Commission (FERC) por alguna extraña razón. No tiene ninguna lógica que la AEE que necesita una alta demanda y vender el excedente que genera de energía para ser rentable no acabe de conectarse con las Islas Vírgenes y la República Dominicana cuando ambas jurisdicciones llevan años queriendo comprarle energía a la AEE. La única explicación para ello sería que no quieren que la FERC regule cada movida de la AEE y eso siempre se ha rumorado.

59. **Forzar la eliminación de la Ley de Cabotaje.** La única forma en que podremos lograr que quiten la Ley de Cabotaje es si la industria local empieza a comprar productos hechos fuera de EEUU y por tanto los barcos pueden ser de fuera de EEUU. De lo contrario, EEUU no verá jamás necesario quitar dicha disposición legal. Solo cuando pierdan el mercado verán que tendrán que competir de manera más ágil. Mire, aún si la ley de cabotaje es buena, deje al libre mercado tomar esa decisión, no obligue al local a utilizar la flota más costosa del mundo.

60. **Mejorar sustancialmente el proceso de orientación en las escuelas públicas.** Es vital para una persona escoger bien lo que realmente tiene demanda y saber para aquello que realmente es bueno. Me impresiona la cantidad de jóvenes que me dicen que

no saben qué estudiar. Existen exámenes de aptitud que nos dicen qué áreas son más atractivas para el estudio. Meter a una muchacha a estudiar algo que no deben o quieren es literalmente botar millones de dólares anuales. El sistema de orientación tiene que mejorarse a niveles exponenciales y nos ahorraremos millones de dólares anuales a la vez que ponemos a producir mejor a nuestra gente.

61. **Fomentar el estudio de carreras de demanda laboral.** En vez de las universidades aceptarte para lo que solicitas, debe hacerle saber al estudiante que con su IGS (Índice General de Solicitud) puede entrar a otras facultades con mayor demanda en empleo por si le interesa estudiar esas otras áreas que no había considerado probablemente por falta de conocimiento.

62. **Reubicar y readiestrar al personal de la administración central del Departamento de Educación.** Con el envío de fondos y recursos del Departamento de Educación a las escuelas públicas y al eliminar puestos administrativos, podemos readiestrar a esas personas para que se conviertan en fiscalizadores de impuestos como el IVU, planillas, arbitrios o cualquier otro elemento que aumente los recaudos del FISCO. Todo empleado/a público que se considere excedente por el proceso de *e-government*

y descentralización debe pasar a fiscalizar y atraer recaudos correctos al fisco.

63. **Eliminar las procuradurías que solamente se han creado para combatir la ineficiencia del propio gobierno.** Multar al Estado por sacar de un bolsillo para poner en el otro. Dichas procuradurías deben ser una oficina de las propias agencias con independencia del secretariado de la agencia, pero no crear más burocracia para a la larga combatir la propia burocracia de la agencia original.

64. **Prohibir durante días laborables cualquier actividad de capacitación, mejoramiento profesional, etc., en agencias que ofrecen servicio al cliente.** Estas se deben dar fuera de horas laborables y buscar la forma de hacer, de manera organizada, la asistencia de quienes vayan a participar para que no coincidan las ausencias de varias personas a la vez. En la empresa privada tenemos que pagar de nuestro bolsillo dichos adiestramientos y es obligatorio comparecer. No veo por qué en el gobierno debe ser diferente, como por ejemplo, que llegues a la colecturía y casi todo el personal se encuentre en un "adiestramiento".

65. **Establecer un impuesto por exceso en contenido calórico de ciertos alimentos.** Ya sé que van a decir que eso es un estado paternalista, pero

ciertamente nuestro nivel de consumo de malos alimentos está fuera de control. Por tanto, después de cierto nivel calórico en adelante se puede imponer una contribución que se utilizará para financiar programas de salud y prevención. Igual pienso sobre las bebidas carbonatadas en exceso de cierto tamaño. Claro que mucha gente lo que hace es que compra dos o tres o hace un *refill*, pues que pase el trabajo, estoy seguro que si esto se hace, baja el consumo.

66. **Ofrecer a la policía un curso intensivo de relaciones con la comunidad.** La uniformada debe ser amiga de la comunidad y ya en gran medida muchos/as lo son. Pero falta una estrategia concertada para lograr ese vínculo. Debemos crear una campaña y sostenerla, como la práctica de que agentes le lleven comida y ropa a deambulantes; y den charlas en las 1,436 escuelas públicas del país de relaciones humanas. Por ejemplo, que cuando un agente te detenga por violación de tránsito diga: "Buenas tardes. Le estoy deteniendo porque usted rebasó la luz roja y tengo que multarle para así disuadir de que esta práctica continúe ya que queremos hacer más seguras las calles de Puerto Rico". Líneas como esa, repetidas por toda la fuerza como estrategia, hacen que poco a poco vaya dándose un cambio. En un tono seguro, pero de orientación queda desarmada la persona que sea multada. De esa forma, se va mejorando la

imagen y las relaciones con la policía. No hay duda que habrá encontronazos, pero hay muchas formas de hacer de la policía una comunitaria.

67. **Ordenar la rotulación inmediata de todo alimento que haya sido genéticamente modificado.** Francamente, no entiendo por qué esto siquiera hay que discutirlo. Aun en un sistema capitalista, la base es tener la información y hacerla disponible para que la competencia sea leal. No comprendo cómo esto en California perdió en una consulta al electorado. Obvio, el cabildeo y la desinformación que metieron las empresas distribuidoras de alimentos fue enorme, pero bueno.

68. **Hacer un plan de rotulación y uniformidad de direcciones físicas en el país.** No hay alguien en el país que no haya dado la vuelta por la isla, zonas rurales y urbanas, y no entienda lo indispensable de esto. Si algo me da gusto de ir a Estados Unidos es que todo está bien rotulado. Puerto Rico lo necesita urgentemente.

69. **Poner un impuesto al combustible para fomentar el transporte público.** No hay duda de que la transportación colectiva tiene que ser el futuro nos guste o disguste, no hay de otra. Una forma para financiarla inmediatamente y ponerla al nivel que debemos aspirar es subir el impuesto al combustible

y al carbón y de ahí financiar totalmente una infraestructura nacional de transportación colectiva. Al principio será de odio generalizado, pero con el tiempo y correcta orientación y funcionamiento esto puede ser la alternativa real de desarrollo vial para el país. Como para entrar al gobierno será por exámenes y no por palas, tendremos el mejor personal y funcionamiento de ese sistema. De lo contrario, será otro elefante blanco. Si usted va a Europa se va a percatar de que así funcionan todos esos trenes famosísimos.

70. **Crear en Puerto Rico la meca del desarrollo de *apps* y tecnología.** Hay que reconocer que el futuro está en la tecnología y debemos empezar a caminar en esa dirección. Con la creación de competencias nacionales de alto prestigio, con enorme publicidad y trayendo jueces expertos, podemos atraer e identificar talento local, con capacidad de crear aplicaciones, videojuegos, enseres y tecnología en general. El premio en metálico debe ser bien alto y de ahí tomar las mejores ideas y comercializarlas. Esto puede crear muchísima riqueza si se hace de forma correcta.

71. **Poner como meta principal del gobierno, disminuir el coeficiente de Gini y aumentar la producción.** El coeficiente Gini mide la distribución del dinero

en un país y Puerto Rico es uno de los peores del mundo. Aún cuando hemos tenido crecimiento económico, la riqueza siempre se ha quedado en grupos pequeños de ricos. Por más mecanismos que hemos tenido, nunca hemos logrado realmente mejorar esta condición y aún luego de los años 70, la desigualdad social nos come como país.

72. **Obligar la mediación en casos de ejecuciones de hipotecas en el tribunal.** Esto como parte de todo contrato de hipoteca. También, debe ser requisito orientar, en el proceso de firma, sobre todas las opciones que tiene una persona al momento de enfrentar problemas pagando su residencia. No tiene lógica que la gente pierda su hogar sin que se le dé la oportunidad de saber sus alternativas, incluso desde el momento en que obtiene el contrato con el banco.

73. **Crear un registro nacional de empleo en la Universidad de Puerto Rico.** Incentivar a toda empresa que tenga plazas disponibles a que lo publique en un registro en la UPR. Hoy día, esto se supone que lo haga el Departamento del Trabajo, pero de antemano debería hacerlo la UPR, para que quienes vayan a estudiar sepan sus alternativas reales y las áreas en las que hay demanda.

74. **Ya saben, a generar más ideas.**

75. _____

_____

_____

_____

_____

_____

_____.

VIII.

EL CHUCHIN, MI INCIDENTE CON
EVELYN VÁZQUEZ Y EL FUTURO DEL PAÍS

Hablar en los medios de comunicación no es fácil. Decir las cosas que uno piensa tampoco lo es —a veces ni siquiera en privado—. Mucho más difícil aún es ser voz de cientos de personas que diariamente se me acercan para que desenmascare esquemas de corrupción y los malos negocios en los que los políticos, a nuestras espaldas, meten al País.

¿Y saben por qué no es fácil? No es fácil por la misma razón que esas personas que se me acercan diariamente nunca quieren que los entreviste o diga sus nombres públicamente. Nunca quieren dar la cara. Prefieren que dé la cara yo.

Claro, no quieren dar la cara porque saben que el que habla, tarde o temprano es silenciado; particularmente en países tribalizados como el nuestro. Si no fuera así, yo no habría recibido tantas amenazas como la que se reseñó en *Ixposed News*.[17] Sí, he recibido amenazas, pero prefiero ni comentarlas porque francamente lo que hace eso es que otras personas se atrevan a seguir haciéndolas.

Quien pertenece a una tribu, como quien pertenece a un partido político o a un cartel de droga, vive para su grupo, porque pensó en un momento que ese grupo y él o ella compartían los mismos intereses. Se piensa entonces que en la medida en que la tribu, o el partido, o el cartel esté bien, también lo estarán todos sus miembros.

Lo que sucede es que las tribus, los partidos y los carteles cambian. Lo que era bueno antes ya no lo es ahora y viceversa. En la medida en que pasa el tiempo, el que fundó el grupo ya no está y los nuevos líderes comienzan a imprimir sus nuevos y propios intereses.

Entonces, la persona que vive para la tribu, para el partido o para el cartel; o no se da cuenta del cambio, o si se da cuenta piensa que "el cambio no es para tanto", "no es nada que no se pueda tolerar" o "al fin y al cabo, dónde más voy a conseguir la protección que mi tribu me da". Y así, las tribus, partidos o carteles, que comenzaron por servir los intereses de sus miembros, terminan por servir a sus propios intereses.

Resulta que cuando la tribu se sirve a sí misma y no a sus miembros, ya es muy difícil salir. En el peor

---

17 Narcos y Corruptos tienen a Jay Fonseca en la mira para sacarlo de circulación ¡EN PELIGRO JAY FONSECA! - *ixposednews* (http://bit.ly/15Nll3q)

de los casos, como el de los carteles, esos grupos tienen tanto poder como para impedir que cualquiera salga, al menos no con vida.

Yo no creo en las tribus, ni en los partidos ni en los carteles. Creo en familias, en comunidades, en países, en regiones, en federaciones y confederaciones. Creo en uniones de la humanidad completa. En proyectos abarcadores que incluyan a todo el mundo y en los que todo el mundo eche pa' lante. Suena cursi, pero no hay de otra. Es como cuando viene un huracán o nos azota algún mal, o sabemos de algún otro país que ha padecido un daño y nos unimos, pues esa misma es la actitud social que tenemos que tener. Saber todo el tiempo que en esa unión es que está la alternativa de desarrollo y la comprensión de que todos y todas pasamos momentos duros y necesitamos compasión y empatía.

No pertenecer a ninguna tribu, me ha dado la oportunidad de pensar y de hablar libremente. Me ha permitido darme cuenta de que la verdadera solución a nuestros problemas está en el País y no en los colores que nos dividen.

Eso mismo expliqué en mi columna "No creo que todos nos vendemos" de 28 de agosto de 2012, cuando dije que a pesar de haber recibido acercamientos de cuatro de los seis partidos inscritos en el País, nunca he aceptado un solo contrato de ellos. Y, créanme, llegué a necesitar muchas veces el dinero para mis necesidades básicas cuando no tenía trabajo.

Es precisamente por lo mucho que me ha costado mantenerme al margen de las tribus que me duele cuando alguien me dice vendío. Lo pienso una y otra vez y no he encontrado otro insulto que me duela más. Francamente, ese epíteto es probablemente el único insulto público que realmente me duele.

Pues con la idea de jamás "venderme", acepté en el año 2010 la encomienda de hacer *La Furia* en La Mega y luego en Telemundo, un segmento de análisis y entrevistas políticas dedicado a captar la atención del pueblo y hacerles partícipes de los problemas que nos aquejan día a día.

Quienes me conocen saben que tengo una obsesión con explicar las cosas de forma sumamente simple para que comprendamos que la noticia no es solo lo que se nos dice, sino lo que implica. Si entendemos la profundidad de cada historia seremos más partícipes y por tanto no nos cogerán de tontos tan a menudo. Debo decir que nunca, ni una sola vez, me han censurado en ninguno de los medios que he trabajado. Bueno, con decirles que no lo ha hecho el Grupo Ferré Rangel, ¡y mire que bastante los he criticado!

Con la idea de jamás venderme también me gradué de la Escuela de Derecho de la Universidad de Puerto Rico. Pensaba entonces —y lo pienso ahora aunque de manera distinta— que, como abogado, tendría las herramientas para ayudar a hacer un mejor país y sobre todo, la libertad de acción que brinda el conocimiento.

Hasta que llegó la carta del Tribunal Supremo.

En agosto de 2012, a seis meses de haber aprobado la reválida y en espera de mi juramentación como nuevo abogado, la Comisión de Reputación del Tribunal Supremo de Puerto Rico, el grupo de abogados que se encarga de recomendar quién puede ser abogado y quién no, me notificó que yo estaba bajo investigación.

Mi juramentación como abogado estaba en juego y eso me desoló.

El senador Antonio Soto, senador penepé apodado "El Chuchin" electo por el Distrito de Guayama y más conocido por sus zapatos de cocodrilo y por su afición confesa a las mujeres y autos que llamen la atención, le escribió al juez presidente del Tribunal Supremo que yo había usado palabras soeces para referirme a él. Según El Chuchin, mis expresiones en la prensa me hacían indigno de pertenecer a la profesión legal.

Aunque el senador Antonio Soto no hizo referencia a ninguna expresión específica en su carta —y posteriormente se supo que no estuvo dispuesto a juramentar sus alegaciones—, supongo que él estaba molesto por una entrevista que le hice en el segmento *Día a Día* de Telemundo.

La primera pregunta que le hice fue:

—¿Usted fue electo para legislar o para payasear en los medios?

—Se puede hacer las dos cosas —fue su contestación.

Y así continuó la entrevista, que más que una entrevista parecía una comedia o una pieza literaria propia del más duro surrealismo.

—¿Cuántas piezas de legislación usted ha hecho en contravención de cuántas veces usted ha estado en los medios payaseando?

—Tengo alrededor de 360 medidas —contestó.

—No, esas son las radicadas. ¿Cuántas han sido aprobadas?, porque radicadas yo puedo radicar felicitación a Chencho, felicitación a Chucha...

—No tengo las estadísticas en este momento, pero sé que son varias.

—¿Y cómo no las tiene? ¿No se supone que usted esté preparado precisamente para demostrarle al País su obra legislativa?

—Yo no estoy pendiente a las estadísticas.

—¿Y a qué está pendiente? ¿A Maripily en la portada de *TV y Novelas*?

—Definitivo, pero eso es fuera del trabajo...

Y así continuó la entrevista, hablando de muchas cosas superficiales hasta que le pregunté nuevamente:

—¿Oiga, precisamente, no tiene entonces el número de cuántas piezas legislativas le han aprobado?

—No. No lo tengo.

—Pues yo le voy a decir. ¡Una! —le aclaré al Senador.

—Por lo menos hay una. Gracias —contestó.

Luego de que el color de la entrevista siguiera en escalada, todo llegó a su punto máximo de surrealismo cuando le pregunté:

—Chuchin, ¿y qué usted va a hacer?, ¿ahora me va a hacer un brujo? Porque cada vez que alguien le hace preguntas que a usted no le gusta le hace un brujo.

—Cuando se meten conmigo es que tienen problemas. Así que no te metas para que sigas ahí tranquilito.

Claro, a pregunta surreal, contestación surreal, pienso yo ahora años después. Pero esto no terminó ahí y yo, incauto, continué la entrevista...

—¿Pero qué es eso? ¿Qué hace un senador de este país amenazando a los periodistas por hacerle preguntas? ¿Pero qué clase de payaso hace eso? ¡Eso es una payasada! —espeté.

Y él, ni corto ni perezoso me contestó:

—Dije anteriormente que yo no hacía brujos yo los mando a hacer.

Y más adelante, dijo el Senador:

—Ahí tienes una prueba con Falú —refiriéndose a Luis Enrique Falú, periodista de Uno Radio Group—. Se puso conmigo, le mande a hacer un asuntito y al otro día chocó el carro.

Esa entrevista a El Chuchin me recuerda otros episodios también surreales, en los que participó gente muy surreal. Casualmente, el primero que me viene a la mente también tiene que ver con El Chuchin. Fue en *El Circo* de La Mega luego de que el entonces senador se negara a que yo lo entrevistara a través de las ondas radiales del 106.9 FM.

—Hágame las preguntas cualquiera de ustedes, menos Jay… con Jay no quiero ningún clase de diálogo —decía el senador Soto poco antes de colgar el teléfono.

Debo confesar que a mí la actitud del Senador me indignó. Veinte minutos antes, El Chuchin había dicho en una entrevista con Rubén Sánchez de WKAQ 580 AM, que él usaba un automóvil Bentley de alrededor de $400,000, que le habían regalado porque "es buena gente y lo quieren mucho".

Todo un senador, pagado por el pueblo, estaba diciendo públicamente que tenía un vehículo que él jamás pudo haber comprado con su sueldo de legislador y se negaba a dar una explicación pública de quién se lo regaló y a cambio de qué.

—La razón por la cual él dice que no quiere hablar conmigo —dije en ese momento al aire—, es porque ustedes hablan con él y porque otros medios hablan con él —dirigiéndome a Ganster y Funky, los presentadores de *El Circo*—. Porque Rubén le da allí el espacio para que vaya a bufonear y Rubén no le hace las preguntas que hay que hacer. Porque los periodistas de este país no se respetan a sí mismos y le dan espacio porque programas como este y otros también le dan espacio para que el tipo hable cuanta estupidez hay.

Ese es un problema serio de este País. Mientras la Isla está en una crisis económica, moral y social; mientras la criminalidad y el desempleo siguen en aumento vertiginoso; nuestro País, o sea, los medios noticiosos, discuten lo pequeño. Hacen todos como El Chuchin, que prefiere a Maripily en las portadas, que a la discusión de los asuntos públicos que nos aquejan.

Pero para qué hablar más si lo que sucedió aquél día al aire vio su culminación en las palabras de un comediante que se encontraba también en la cabina de radio.

Alfonso Alemán personificaba entonces a *El Guitarreño* y tenía un segmento de comedia en WAPA TV donde invitaba a políticos locales a tener pauta en televisión a cambio de, literalmente, hacer el ridículo —y aún lo hace—. Casualmente, ese segmento salía al aire a la misma hora que mi segmento en Telemundo. *El Guitarreño* me aventajaba en los índices de audiencia (*ratings*).

—Quédate con tu carrito del 2003, yo ando en un Mercedes 2009, lo que hago es [hacer] reír, a la gente le gusta y como en este País lo que tienen son tantos problemas yo lo que le dedico son 15 minutos de alegría. Si tú quieres ser amarga'o y andar en tu carro 2003… al Chuchin yo lo llamo y me contesta 24 horas. Ese es tu problema —me aclaró Alemán.

Como le dije entonces a Alemán y lo digo ahora, no tengo nada en contra de su personaje pero, precisamente eso es un síntoma de la enfermedad colectiva que sufre el País. Preferimos la payasería y el entretenimiento en vez de la información y la fiscalización certera. Yo mismo caí en eso haciendo *La Furia* para intentar hacer un balance y —entre ruido— llevar mensaje de cambio a la audiencia.

Prueba de esta enfermedad es que de todos mis segmentos en *Día a Día*, los más vistos y difundidos en las redes sociales no son los más importantes. Tampoco son los que más información brindan.

Como cuestión de hecho, los segmentos más vistos son aquellos en los que no se dijo nada, como el de Julissa Corchado, una candidata para sustituir al hoy ex representante y convicto Iván Rodríguez Traverso. Al yo preguntarle por su plataforma… bueno, es imposible contar aquí lo que allí pasó porque no pasó nada.

La candidata —prefiero pensar que por los nervios— no pudo decir una sola cosa inteligente que haría por su distrito. De más está decir que el día siguiente ese segmento ocupó gran parte del programa de chismes con más audiencia en Puerto Rico, *La Comay*, hoy extinto.

Otro de los "grandes momentos" de mi segmento en *Día a Día* lo ocupó el representante Georgie Navarro cuando, a preguntas mías sobre las pruebas de dopaje en la cámara, golpeaba la mesa como un niño pasando por una perreta. Allí no se habló nada importante para el País, pero obtuve mucho *rating*. El legislador nunca volvió al programa.

Otros que recuerdo con cariño son Rolando Crespo y Roberto Arango. El primero me dijo que no usaba drogas. El otro me dijo que él era heterosexual —aunque hoy me doy cuenta de que estuvo de más preguntarle eso—. Ninguno de los dos terminó el cuatrienio. Crespo renunció a la Cámara por dar positivo a sustancias controladas. Arango por aparecer en fotografías comprometedoras, publicadas en un sitio de internet para homosexuales.

Pero, volviendo al senador Soto y su surreal entrevista, así fue como, pienso yo, que El Chuchin pasó de ser mi entrevistado a ser mi contendiente. El Chuchin se convirtió, para fines del proceso de mi juramentación, en el representante del interés público que se oponía a que yo manchara la clase togada con mi ingreso en ella.

El 15 de septiembre de 2011, mientras las primeras planas de los periódicos reseñaban la renuncia de Antonio Soto al cargo de senador y El Chuchin aparecía llorando en las ondas radiales del País, yo estaba con mi abogado, el Lcdo. Luis Marín, ante la Comisión de Reputación del Tribunal Supremo en pleno, dando explicaciones. Sí, el mismo día, exactamente el mismo. De más está decir que El Chuchin no compareció como se suponía que hiciera. Pero claro, ya el daño estaba hecho. Mis compañeros y compañeras juramentaron, mientras yo me quedé fuera mientras la Comisión decidía si podía o no juramentar.

Posteriormente, la Comisión recomendó que se me admitiera como abogado y quedó pautada la juramentación para el 11 de octubre de 2011.

Debo confesar que aunque la carta de El Chuchin resultó inofensiva e incluso este episodio no tuvo notoriedad pública hasta varias semanas después, todo este suceso me lastimó mucho. Por razones obvias no hice público que el Senador se había opuesto a mi juramentación pues cualquiera otra persona que quisiera hacerme daño haría lo mismo que El Chuchin y para evitar eso era mejor no decir nada. Difícil pensar que mis años de esfuerzo y sacrificios por hacerme abogado llegarían a su fin gracias a este sujeto. Me aterraba también pensar que en Puerto Rico, para sobrevivir y alcanzar el éxito, había que pertenecer a una tribu.

Debo confesar también que en varios momentos pensé que todo esto había sido orquestado por Thomas Rivera Schatz, mi ex compañero de foro en el Programa *Encontra'os* en WKAQ 580 AM y hasta hace poco Presidente del Senado de Puerto Rico; contra quien había dicho públicamente cientos de cosas, muchas de las cuales he vuelto a repetir en este libro.

Y todo marchaba bien, hasta que el 4 de octubre de 2011, una semana antes de mi juramentación como abogado, entrevisté en directo, también por Telemundo, a la senadora por el Distrito de Mayagüez-Aguadilla, la Sra. Evelyn L. Vázquez. La senadora Vázquez pidió que le diera espacio en mi segmento para explicar su versión sobre un asunto que se ventiló en el segmento del día anterior. La Fundación Niñito Jesús, por voz de su presidenta la Sra. Dafne Barbeito, le había enviado una carta a la senadora Vázquez, imputándole a la senadora "coger pon" con la campaña de la fundación "Transforma el maltrato en buen trato" y que esto había provocado que dos corporaciones le retiraran sus donativos a la fundación.

De lo que sucedió al aire no tengo mucho que decir, pues probablemente usted, lector o lectora, ya vio el video que se tornó viral en las redes en cuestión de horas. Aunque no me enorgullezco de eso.

Un resumen de lo que pasó, lo hizo la Comisión de Reputación del Tribunal Supremo, en su resolución sobre el caso:

"En el segmento del 4 de octubre de 2011, el Sr. Fonseca comenzó señalando que le cambiaron los planes porque se le acaba de informar que la Senadora Evelyn L. Vázquez Nieves se encuentra en el estudio para responder a lo dicho en el programa del día anterior. Prontamente la querellante aparece en pantalla al lado del querellado y este último recapitula lo mencionado en el día anterior respecto a la carta y el slogan y le imputó a la senadora 'coger pon' con la campaña del buen trato en Mayagüez.

La Senadora se manifestó sorprendida por el contenido de la carta, señaló que no la ha recibido y que quien la firmó cabildea a menudo en su oficina para proyectos de la industria de turismo.

Acto seguido la Senadora Evelyn L. Vázquez Nieves objetó y negó los señalamientos en el programa del día anterior, al efecto de que 'bailó en un tubo' en lugares públicos e insistió que en ese momento ello se comprobara con prueba gráfica. El Sr. Fonseca se reiteró en lo dicho y expuso que en el programa de ese día no contaba con tal evidencia, pero afirmó que la Senadora 'bailaba en un tubo'…

Ambos se enfrascaron en acusaciones y contraacusaciones, gran parte del tiempo hablando a la misma vez. Del diálogo surge que el

Sr. Josué Fonseca Aponte se refiere a la querellante como un mal ejemplo para la mujer en el País, promotora de proyectos de ley tontos, pésima legisladora, vergüenza para el Senado de Puerto Rico y bailarina que llegó a legisladora y concluyó pidiendo que no se vote por una persona como ésta.

Por su parte, la querellante negó reiteradamente que 'hubiera bailado en un tubo' y expresó que acusaciones como esas difaman a la mujer puertorriqueña y que programas como ese no deben ser favorecidos por el público. Ambos se imputaron mutuamente que se les faltó el respeto."

Como siempre, *La Comay* —programa de chismes, ahora extinto— no perdió la oportunidad de sacarle punta al asunto y los comentarios en internet se dispararon.

Según la respetada relacionista y periodista Sandra Rodríguez Cotto, en las redes sociales la mayoría de los comentarios eran a mi favor. En los medios tradicionales la cosa no resultó igual. La prensa escrita no me apoyó. Tanto la Asociación de Periodistas como el Overseas Press Club se distanciaron. Para ellos yo no era periodista, sino comentarista y por lo tanto no sentían obligación de protegerme.

Muchos me dieron la espalda, aunque otros, como los muchachos del programa *Fuego Cruzado*, Luis

Dávila Colón y *Dando Candela* junto a mis amigos más cercanos y familiares, sí me apoyaron, no porque lo había hecho bien, sino porque conocen que lo ocurrido no es característico de mi. Daphne Barbeito y la Fundación Niñito Jesús, por quienes me había metido en este lío, mantuvieron silencio. Demás está decir que uno se siente solo en esos momentos. ¡Y para colmo, mi abogado me había prohibido hablar del tema públicamente!

También me sentí amenazado. Mi reyerta con la senadora Vázquez causó la furia de su compañero sentimental Peter Muller Maldonado. ¡Ven como se comprueba lo que les dije en el **Capítulo III** de los apellidos mixtos y la estadidad! A Muller, un año antes se le había imputado estar relacionado con la muerte de su ex esposa, la empresaria Maribel Cartagena Hernández, contra quien tenía un litigio pendiente en los tribunales.

Los comentarios no cesaban. Hasta la procuradora de la mujer hizo expresiones condenatorias hacia mi persona. Las avenidas aledañas a Telemundo amanecieron pasquinadas con afiches que leían "Telemundo patrocina el maltrato, fuera Jay Fonseca". En momentos temí por mi vida por cosas que mucha gente me empezó a decir sobre Peter Muller. Pero bueno, quizás la gente es demasiado chismosa y exageraron la nota. También hubo una persona cercana al asesino de la señora Cartagena que habló conmigo y me dijo detalles que asustan al más fuerte.

Usted que lee esto, si no es figura pública probablemente no comprenda del todo lo que se siente como yo tampoco lo entendía hasta entonces, pero cuando lo eres y caes en desgracia literalmente sientes que estás en el medio de una tormenta. Eso mismo, una tormenta está pasando dentro de ti. Miras hacia los lados y piensas que algo te va a pasar o que todo el mundo que te mira en eso es en lo único que están pensando. Te da una "perse" como las que seguramente deben sufrir los del bajo mundo. Sientes que algo te va a pasar, que todos quieren hacerte daño. Es una experiencia que no le deseo a nadie.

El 7 de octubre de 2011, la senadora Vázquez radicó una querella en mi contra, solicitando que no se me permitiera juramentar como abogado. Para mi sorpresa, la querella la atendió directamente el pleno de jueces del Tribunal Supremo, sin pasar por la oficina del Juez Presidente, trámite que meses antes se había seguido con la querella de El Chuchin.

La querella de la senadora llegó viernes en la tarde y ya lunes en la mañana, o sea, el próximo día laborable el Tribunal ordenó que se paralizara mi juramentación. En la resolución del Tribunal solo participaron los seis jueces nombrados por Luis Fortuño, mientras que los tres jueces nombrados por gobernadores populares no intervinieron. Eso me inquietó. Al parecer, estaban tratando el asunto como un *issue* político partidista y yo no tenía ningún interés de estar en medio de algo así.

También sospeché, una vez más, que Tommy Rivera Schatz estuviera detrás de todo esto. Primero utilizó al bufón de la corte, ahora usaba a la cortesana, pero bueno, quizás Tommy no tuvo nada que ver como muchas veces pienso.

El Tribunal Supremo, en virtud de su poder para regular la profesión legal estaban deteniendo mi juramentación. Desde un principio, me allané a lo que el tribunal decidiera, sosteniendo mi posición de que la Senadora trataba, como hizo El Chuchin antes, de acallar mi voz e interferir con mi derecho a la libertad de expresión y de prensa. Aún así, públicamente le pedí disculpas a la Senadora, disculpas que ella nunca aceptó. Incluso, para demostrar mi genuino interés en el asunto, le envié una carta pidiéndole disculpas directamente, llamé a su teléfono celular para disculparme con ella personalmente y nunca contestó. Sin embargo, apareció en múltiples programas después de todo esto diciendo que lo único que quería era que yo me disculpara con ella. Tanto ella como el Presidente del Senado tenían la copia de mi carta pidiéndole no solo disculpas directamente a la Senadora, sino invitándole a que fuéramos a un medio, el que ella escogiera, para pedirle las disculpas públicamente y de frente. Hablé con Peter

Muller para hacer la petición de disculpas de frente a ella en el mismo lugar donde ocurrió el incidente, y dijo que me llamaría. Ya saben que esto nunca ocurrió.

Lo que sí hubo fue una marcha en la que llevaron carteles para presionar a Telemundo que me botara al igual que enviaron cartas a Tony Mojena, mi jefe directo en Telemundo y a Hillary Hatler, presidenta del canal, para que me cesantearan. A ambos hoy les agradezco porque tuvieron la verticalidad de respaldarme en momentos en los que todo el mundo pensaba que mis días estaban contados; muy particularmente después de la famosa conferencia de prensa de mujeres del PNP donde varias senadoras, la Procuradora de las Mujeres y un inmenso número de féminas asesoras de la palma fueron vestidas de negro a una conferencia de prensa exigiendo mi renuncia o despido.

El caso se convirtió en un conflicto de libertad de expresión y de prensa que el Tribunal supo aquilatar, permitiendo mi juramentación. Me pareció muy atinado cuando la Comisión, citando al Tribunal Supremo de Estados Unidos, dijo: *"It is also important both to society and the bar itself that lawyers be unintimidated, free to think, speak and act as members of an independent bar"*.

Juramenté el 7 de marzo de 2012. Un año después de haber cursado la reválida. Aún con todos los defectos que pueda tener nuestra sociedad, podía decir en ese momento que vivo en una sociedad de libertades. El mismo tribunal contra el que he despotricado en tantas ocasiones —y sigo haciéndolo— reconocía mi derecho a así hacerlo y no impidió mi juramentación. Aún así, repito, reconozco mis errores y pido disculpas porque ese segmento no fue mi mejor momento, aunque la senadora Vázquez no las quiera aceptar.

Estoy convencido de que es importante lograr que nuestros medios y nuestra masa no necesiten en el futuro de lo que yo he hecho para llevar un mensaje. Pero la verdad es otra. Desde un principio llamé lo que hacía como un "personaje", utilizado para la estrategia de llegar a las masas y entonces hacer propuestas de cambio y activismo social. Resulta imposible llegar a esas personas hablando como si fueras locutor de Radio Francia o de la BBC de Londres. Si quiere una evidencia, verifique cuantas personas en el país escuchan Radio Universidad de Puerto Rico.

De nada me sirve tener un intento de aportación social cuando nadie en la sociedad lo escucha. Peor aún, cuando ese intento se queda en la camaradería de un buen vino con queso caro y jamoncitos divinos de una tertulia en el Condado, como continuamente veo que ocurren. Estos movimientos inconsecuentes que parecen más un intento de la elite de calmar sus conciencias y de aparentar filantropía, carecen de efectividad. No los condeno. Hacen falta y ciertamente no ha ocurrido ninguna revolución en el globo que no haya sido apoyada de alguna forma por parte de la burguesía o parte de sectores acaudalados; pero de ahí a yo poder conformarme con diálogos estériles entre quienes incluso se benefician de que las cosas sigan como están me ha parecido siempre una hipocresía de marca mayor.

No me siento orgulloso de haber tenido un estilo como el de *La Furia*. Incluso, a veces me arrepiento de haber entrado del todo en los medios, pues me he dado cuenta que perder la privacidad es mucho peor de lo que la gente cree y cuando ya se ha perdido, no hay forma de recuperarla.

Sin embargo, la estrategia funcionó. Después del incidente con la Senadora, el cual desgraciadamente me recuerdan casi a diario cuando me saludan en la calle, salté a la notoriedad casi total. Tengo que admitir que a la mayoría de las personas que me encuentro a diario, sobre todo de los sectores menos acaudalados les encantó lo que pasó. También a personas de la alta alcurnia, pero sé del recelo de otros sectores quienes me vieron entonces como un cafre, gritón e incontrolable sujeto similar a *El Guitarreño* en su aportación social.

Fue entonces, que establecí una estrategia para llegar al público que vio ese evento como algo desagradable. Para quitarme esa mancha ante esos sectores, decidí entrar a WKAQ 580 AM por un sueldo que da ganas de reír o llorar, pero que me permitió llegar a ese público de profesionales que no me escuchaba, haciendo programas de aportación social y discusión de profundidad.

Si les soy honesto, eso es lo único que realmente disfruto hacer en los medios. Mi programa de WKAQ 580 AM y mi columna de *Primera Hora* son aquellas cosas que me hacen pensar que aporto al País. Lo que hago en televisión y en otros segmentos de radio es sembrar semillas porque desgraciadamente ese es el espacio que puedo tener por el momento y porque la audiencia de esos espacios así lo requiere, aunque continuamente refiero a mis redes sociales donde intento profundizar más.

En fin, la estrategia funcionó a la perfección, claro que perdí toda privacidad posible. Ahora me conocen en casi todos los sectores, incluyendo las clases gobernantes y de influencia en la política pública del País. Según encuestas y grupos focales de los que he tenido conocimiento, todos los grupos tienen una opinión generalmente favorable sobre mí.

En fin, poco más de un año después, viendo todo con más calma —y aunque con ello no pretendo justificar mis actos—, estoy convencido de que el único interés de la senadora con todo esto era sacar millaje político. Me duele que sea así porque tanto ella como El Chuchin, deberían saber que cuando hacen sus entuertos, a veces se llevan por delante gente de carne y hueso que no están en las mismas que ellos y que no tienen ningún interés en esa guerra sin cuartel llamada política-partidista.

Por último, e independientemente de lo que pasó, sigo pensando, como lo hacía antes de que sucediera todo esto, que tanto El Chuchin como Evelyn Vázquez han sido pésimos legisladores. Gracias a Dios, ya nos libramos de ambos.

Permítanme ahora desviarme del tema y hablar de algo que considero verdaderamente importante.

El 20 de enero de 2012, entrevisté al hoy gobernador Alejandro García Padilla en mi segmento *Día a Día*. Allí, a propósito de la presentación de su plan anticrimen, le pregunté si él estaba dispuesto a que durante cuatro días, del 20 al 24 de marzo de 2012, justo después de las primarias de ambos partidos que definirían las candidaturas, se realizara en Puerto Rio una Convención de País, televisada, donde se reunieran políticos, académicos, profesionales y otros expertos para discutir lo que debería ser la política pública anticrimen, independientemente de quién ganara las elecciones. Allí se presentarían las propuestas anticrimen que han funcionado alrededor del mundo y entonces de todas las presentadas se escogerían las 10 más adaptables y realizables para Puerto Rico, escogiéndose entonces a una persona o personas para que la implementaran, independientemente de quién ganara las elecciones. Le propuse que en dicha convención se eligiera a la persona que Fortuño nombraría inmediatamente para dirigir a la policía y que se hiciera un compromiso para que el gobernador electo, fuera quien fuere, lo retuviera en su cargo luego de comenzado el nuevo cuatrienio.

García Padilla dijo en el programa que él estaría dispuesto a "estudiar mi formato". Para él mi propuesta, aparentemente, era un asunto de "formato" y dijo que si él hacía un acercamiento a Fortuño de esa índole el gobernador entonces no lo aceptaría como no había aceptado propuestas del PPD en general.

Un día antes, el entonces Secretario de Estado dijo sobre el plan anticrimen de García Padilla: "si es que hasta ahora no ha sacado ninguna idea buena". Ante mi propuesta de la Convención de País, dijo Kenneth McClintock que Fortuño estaba convocando a una reunión cumbre sobre seguridad, exclusivamente con miembros del gobierno y excluyendo a la oposición política.

El 24 de marzo pasó sin pena ni gloria. La Convención de País no se dió. La "cumbre" de Fortuño, produjo lo mismo que el informe aquel del Monitor de la Policía, nada.

Y aunque todo parece indicar que los partidos políticos no tienen ningún interés en acoger mi propuesta, yo insisto en que debemos hacerlo. Puerto Rico tiene, para lograr verdaderos cambios, que unirse en un plan colectivo, un plan de País. Debe realizarse un cónclave de expertos, en vistas públicas televisadas donde, por primera vez y al unísono se discutan seriamente nuestros problemas más apremiantes: la seguridad, la educación, la salud y la economía. Y digo estos renglones y no los demás porque honestamente no hay recursos para resolver todos nuestros problemas. El gobierno debe enfocarse en tres a lo mucho cuatro áreas porque de lo contrario terminaría desparramando los recursos poniendo parchitos en todos lados, sin resolver un solo problema como ya hemos visto. A la vez que pienso que al abordar estos temas, los demás se irían arreglando por sí solos.

Creo que si podemos unirnos para ver correr a Culson o al Equipo Nacional en el Mundial de Béisbol, podemos también unirnos para ver nuestro País crecer. Sólo sacando estos asuntos fuera de la política partidista, lograremos tener una hoja de ruta que nos guíe, no por cuatro años, sino por décadas enteras. Esto, a mi juicio, es particularmente importante por la crisis que vive el País y por el riesgo inminente de que continuemos en alternaciones de poder de cuatro a ocho años que nada aportan a nuestra estabilidad socio-política y económica.

Lo hizo Irlanda en 1983 con el informe *Télesis*; lo hizo Singapur con su plan i2015 y 2025; lo hizo Chile. En fin, lo están haciendo países que comprenden que es imposible crecer con estrategias de solo cuatro años. Las propuestas que hago en el capítulo anterior de nada sirven si no se toman en consideración por todos, si no se vierten en el gran caldero de ideas al que todos debemos aportar, si no se comparan, si no se debaten, si no se ponen a prueba.

A escasas líneas para que termine el libro, ya dicho lo que iba a decir, muchos de ustedes probablemente se estarán preguntando ¿y qué podemos hacer entonces?

Pienso que ante la situación que vive Puerto Rico hoy; ante el hecho de que es muy poco lo que una u otra administración pueden realmente hacer para reactivar la economía; y el hecho de que ya no quedan lugares de donde tomar prestado; *cuál sea el partido que gobierne o por quién usted vote, tal cual está diseñado el sistema actual, no hará mucha diferencia.*

Lo verdaderamente importante en estos momentos históricos es enfocarnos en la producción económica del País, en que cada uno de nosotros se ponga a trabajar y a producir riqueza, en que cada uno de nosotros participe en el fortalecimiento de nuestras familias, iglesias, escuelas y organizaciones sin fines de lucro.

Independientemente de los partidos que nos gobiernen, tenemos que reconocer que el gobierno hoy por hoy es un ente manco y languideciente, que no necesariamente nos va a dar la mano en este momento de crisis porque simple y llanamente *no tiene mano que dar.*

Repito, tenemos que producir riqueza. Tenemos, cada uno de nosotros, que buscar la manera de *echar pa' lante*. Si no fuera así, ¿por qué usted cree que la banca ha puesto tanto dinero en promover ese estribillo?

Usted sabe bien que en estos momentos un gobierno del PNP o el PPD es lo mismo y que lo único que varía son los nombres de las personas que chupan de la teta. Así es que, por favor, tome mi humilde sugerencia y dediquemos todos nuestros esfuerzos a cambiar el sistema; a luchar contra la partidocracia y, sobre todo, en lo que el cambio llega, a trabajar, a producir riqueza, a mejorar el barrio. Sólo así, y no a través de ningún político, podremos sacar el País hacia adelante.

Pero haga lo que haga, por favor infórmese siempre, estudie y analice. En la medida en que lo vayamos haciendo, iremos creciendo como pueblo, iremos adquiriendo poder e iremos acercándonos al momento en que, unidos y sin tribalismos, podremos tomar verdaderamente las riendas de nuestro Puerto Rico.

Me resisto a vivir en un país derrotado, me resisto a dejarle el país a quienes no lo merecen, me resisto a abandonar el barco, me resisto a creer que mi pueblo no tiene futuro, me resisto y me rehúso a darme por vencido, sea este pues su sentir.

SOBRE EL AUTOR

Desde el barrio Jagual de San Lorenzo a abogado y activo participante de los principales medios del país, el Lcdo. Josué "Jay" Fonseca, es actualmente una de las personas más influyentes en la opinión pública de Puerto Rico. Estudiante de la escuela pública de su comunidad y graduándose de 4.0 de la Escuela Superior José Campeche de su pueblo, Jay Fonseca primero estudió para ser pastor en la Universidad Adventista de las Antillas. Sin embargo, otro sería su destino cuando terminó en la UPR de Mayagüez trasladándose a la UPR de Río Piedras graduándose con honores de la Facultad de Administración de Empresas. Posteriormente también se graduó con honores de la Escuela de Derecho de la UPR y revalidó inmediatamente, pero su juramentación se vio atrasada por un año luego de sendas querellas de una senadora y de un senador ante el Tribunal Supremo de Puerto Rico. El hijo de la empleada doméstica,

Teresa Aponte, y del empleado de rampa de una línea aérea, Víctor Fonseca, hoy es seguido por sobre 340,000 personas en su cuenta de Facebook y sobre 160,000 en Twitter colocándolo en un exclusivo grupo de personalidades de la Isla. Jay, como prefiere que le llamen, labora en el primer programa de la radio de Puerto Rico, *El Circo* de La Mega 106.9 FM, en *Día a Día* que es el primer programa de entretenimiento de la tarde en la televisión boricua y en el primer noticiero del país en Telemundo Canal 2. También labora en la primera emisora de radio del país WKAQ 580 AM y es el columnista con mayor difusión del periódico *Primera Hora* y aquí te presenta su primer libro *Banquete Total: Cuando la corrupción dejó de ser ilegal.*

Esta primera edición, segunda tirada de
Banquete Total de Jay Fonseca se terminó
de imprimir en el mes diciembre del 2013
en Model Offset Printing en Humacao,
Puerto Rico. www.printmop.com